KB242394

알아야 변하고 변해야 산다

알아야 변하고 변해야 산다

알아야 변하고 변해야 산다

초판 1쇄 발행   2026년 3월 31일

지은이 | 황바울
만든이 | 이한나
펴낸이 | 이영규
펴낸곳 | 도서출판 그린아이

등록 연월일 | 2003. 12. 02.
등록 번호 | 제2-3893호
주소 | 서울특별시 은평구 녹번로 6-11, 201호
전화 | 02)355-3035 팩스 | 031)965-4679
이메일 | gmh2269@hanmail.net

ISBN 979-11-91376-73-9(03230)

선/교/지/에/서/만/난/질/문/50선

알아야 변하고
변해야 산다

황바울 지음

그린아이

올해에 선교사 생활 42년을 보내며 은퇴를 하게 되었다. 한 것도 없는데 은퇴라니, 주님께 참으로 죄송하고 성도님들께 미안하다. 1983년에 일본에서 선교사 생활을 시작했으니, 강산이 네 번이나 바뀌었다. 참으로 감회가 새롭고, 부끄럽고, 아쉽다.

나는 전남 고흥에서 모태신앙으로 태어나 자연스럽게 어릴 때부터 교회에 다녔다. 나름으로 성경에 대해, 구원에 대해, 천국에 대해, 복음에 대해서 듣고 알았다. 그러나 선교사가 되고 목사가 되어 외국 사람들에게 복음을 전하려고 하니 쉽지 않았다. 특히 일본과 중국에서 사역하면서 쉽게 구체적으로 복음을 전하고, 제시해 주고 싶은 마음이 간절했다. 누구나 들으면 알 수 있도록 아주 쉽게 복음을 전하고 싶었다. 그러나 말도 짧았지만, 시간도 부족했다.

복음은 말로, 행동으로 전했지만 충분하지 못했고, 질문을 받아도 즉각적으로 설명하기는 쉽지 않았다. 그래서 누구나 쉽게 이해할 수 있도록 글을 써서 전하는 것이 좋을 것 같아 이 책을 쓰게 되었다. 믿음은 들음에서 난다고 했으니, 물음에 답하는 식으로 정리하면 좋겠다는 생각으로 그동안 많이 들었던 질문 중에 대표적인 것 50가지를 추려 보았다.

　그동안 선교사 생활을 하면서 여러 나라, 많은 사람들에게 복음을 전해 보려 했지만, 짧은 시간에 복음을 전한다는 것은 쉽지가 않았고 아쉬움이 너무나 컸다. 아무쪼록 이 책이 부족하나마 선교지에서 복음을 전하는 선교사역에 도움이 되었으면 좋겠다.

서울 목동 사무실에서
황바울 선교사

|제1부|

성경에 관한 질문

성경이란 무엇인가?

성경聖經은 기독교의 경전, 즉 종교의 교리를 적은 책이다. 영어로는 'Bible'로, '책들($\beta\iota\beta\lambda\iota\alpha$)'을 뜻하는 헬라어에서 유래된 말이다. 성경이 한 저자에 의해서 쓰인 책이 아니라 여러 저자에 의해서 쓰여진 '책들의 묶음'이기 때문이다.

성경의 특징은 예수님의 탄생을 기점으로 구약과 신약이 나뉜다는 것이다. 'Testament'라는 영어 표현은 '계약', '언약'이라는 뜻의 라틴어에서 유래됐다. 구약성경(Old Testament)은 '옛 계약'이라는 의미이며, 신약성경(New Testament)은 '새로운 계약'이라는 의미다. 성경은 연대 순서가 아닌 특성에 맞게 배열되어 있으며, 예수님의 탄생을 기점으로 구약과 신약이 나뉜다.

성경은 구약 39권(총 929장), 신약 27권(총 260장), 총 66권의 책들로 구성되어 있다. 구약은 약 1,500년, 신약은 100년 정도의 시간에 걸쳐 기록되었다. 성경은 대략 40명의 다른 저자들에 의해 약 1,500년에 걸쳐 쓰여졌다. 그 저자들은 왕, 어부, 제사장, 정부의 관료들, 농부, 목자, 의사 등이었다. 이 모든 다양성에도 불구하고, 성경은 공통된 주제가 면면히 흐르면서 놀라운 통일성을 이룬다. 이러한 통일성은 궁극적으로 저자가 한 분, 곧 저자가 하나님 자신이라는 사실을 보여준다. 성경은 '하나님의 감동'으로 쓰여졌다. "모든 성경은 하나님의 감동으로 된 것으로 교훈과 책망과 바르게 함과 의로 교육하기에 유익하니"(딤후3:16). 인간 저자들은 하나님이 기록하기를 원하셨던 것을 그대로 기록했으며, 그 결과 완전하고 거룩한 하나님의 말씀이 기록되었다(시12:6).

성경은 구약과 신약의 두 부분으로 나뉘어져 있다. 구약은 '한 나라'에 대한 이야기이며, 신약은 '한 사람'에 대한 이야기다. 그 나라는 그 사람 예수 그리스도를 세상에 데려오는 하나님의 방법이었다. 구약은 이스라엘 나라의 창립과 보존에 대해 그려 주고 있다. 하나님은 이스라엘을 사용하여 온 세상을 축복하겠다고 약속하셨다(창12:2~3). 이스라엘이 나라로 세워진 후, 하나님은 그분의 축복을 가져올 한 가문, 바로 다윗의 가문(시89:3~4)을 그 나라 안에서 일으키셨다. 그 후, 다윗의 가문으로부터 약속된 축복을 가져올 그분이 약속되었다(사11:1~10). 신약은 약속된 그분의 오심을 상세히 설명한다. 그분의 이름은 '예수'이시고, 그분은 구약의 예언을 성취하셨다. 그분은 완전한 삶을 살았고, 구주가 되기 위하여 죽으셨고, 죽은 자들 가운데서 부활하셨다.

성경의 핵심 인물은 예수님이다. 사실 성경 전체가 그분에 관한 것이다. 구약은 그분의 오심을 예언하고, 그분이 세상에 오실 수 있는 무대를 마련한다. 신약은 죄 많은 이 세상에 구원을 가져오기 위한 그분의 오심과 사역을 묘사한다. 예수님은 역사적인 인물 그 이상이다. 그분은 육신에 거하시는 하나님이시며, 그분의 오심은 세상 역사 가운데 가장 중요한 사건이었다. 하나님 자신이 사람이 되신 것은 그분이 누구신지 우리가 분명하게 이해할 수 있는 그림을 주시기 위함이었다. 하나님은 어떤 분이신가? 그분은 예수님과 같다. 예수님은 사람의 모양으로 계시는 하나님이시다(요1:14, 요14:9).

성경의 주요 내용은 다음과 같다. 하나님은 사람을 창조하시고 그를 완벽한 환경에 두셨다. 그러나 사람은 하나님을 거역하고, 의도하신 뜻에서 벗어나 타락했다. 하나님은 죄로 인하여 세상을 저주 아래 두셨지만, 인류와 모든 피조물을 원래의 영광으로 회복시키려는 계획을 즉각적으로 추진하셨다. 하나님은 구속救贖 계획의 일환으로 아브라함을 바벨론에서 불러내어 가나안으로 인도하셨다. 하나님은 아브라함과 이삭과 손자인 야곱에게 한 후손을 통하여 세상을 축복하실 것을 약속하셨다. 이스라엘의 가족은 가나안에서 애굽으로 이주했고, 그곳에서 한 나라로 성장하였다.

B.C. 1,400년경에 모세의 인도로 출애굽 후, 하나님은 그들에게 약속의 땅인 가나안 땅을 주셨다. 또한 모세를 통해 이스라엘 백성에게 율법을 주셨고, 언약을 맺으셨다. 만일 그들이 하나님께 충성하고 주변 국가의 우상숭배를 따르지 않으면, 그들은 번영할 것이다. 그러나 하나님을 버리고 우상을 따른다면, 하나님은 이스라엘 나라를 멸망시키실 것이다. 약 400년 후, 다윗과 그의 아들 솔로몬의 통치 동안 이스라엘은 크고 강력한 국가로 성장하였다. 솔로몬의 통치 후에 이스라엘 국가는 분열되어, 북쪽 열 지파는 '이스라엘'이라고 불렸다. 그들은 우상숭배로 인하여 심판받기 전까지 약 200년 동안 지속되었다. 앗수르는 기원전 721년에 이스라엘을 점령했다. 남쪽에 있는 두 지파는 '유다'라고 불렸다. 그들

은 조금 더 오래 지속되었지만, 결국 그들 또한 하나님을 저버렸다. 기원전 600년경에 바벨론이 그들을 포로로 잡아갔다. 약 70년 후, 하나님은 포로들 가운데 남은 자들을 그들의 본토로 돌아오게 하셨다. 예루살렘은 기원전 444년경에 재건되었으며, 이스라엘은 다시 한번 국가의 정체성을 확립하였다.

그로부터 약 400년 후, 베들레헴에서 예수님의 탄생과 함께 신약이 시작된다. 예수님은 아브라함과 다윗에게 약속되었던 후손, 즉 인류를 구속하고 창조를 회복시키려는 하나님의 계획을 성취하기 위해 오신 그분이었다. 예수님께서는 신실하게 그분의 사역을 완성하셨다. 그분은 죄를 위해 죽으시고 죽음에서 다시 살아나셨다. 예수님의 죽음은 온 세상과 맺은 새 언약을 위한 기초가 된다. 예수님을 믿는 모든 사람은 죄에서 구원을 얻고 영원히 살게 될 것이다. 부활하신 후에 예수님은 제자들을 내보내시며, 그분의 삶과 구원의 권세를 온 세상에 전하라고 하셨다. 예수님의 제자들은 사방으로 나아가 예수님과 구원의 좋은 소식을 전파하였다. 그들은 소아시아, 그리스 및 모든 로마 제국을 두루 다녔다. 믿지 않는 세상을 심판하고 모든 피조물을 저주로부터 해방시키기 위하여 예수님께서 다시 오실 것을 예언하며 신약성경이 마무리된다.

왜 성경을 읽어야 하나?

　신앙생활을 시작하면 성경을 읽으라는 권유를 듣고 부담을 갖게 된다. 막상 성경을 읽어야겠다는 결심으로 성경을 펼치지만, 너무나 앞뒤가 안 맞는 듯한 내용으로 가득 차 있어 당황스럽고 지루한 느낌으로 손을 놓기도 한다. 마땅히 질문할 곳도 없고 시원스럽게 답을 들을 수도 없다. 먼저 믿기 시작한 이웃들로부터는 "그냥 믿어. 뭘 그렇게 따지는 거야?" 하고 되레 면박을 받곤 한다. 그렇지 않으면 오히려 더 깊은 오류에 빠지는 느낌도 받는다. 누군가 성경 말씀을 가지고 질문을 해오면 당황스러울 때도 있다. 답하기 어려운 내용의 질문도 있지만, 평소에 쓰지 않던 어휘를 사용하여 일목요연하게 설명하기란 참으로 힘들다. 그래서 책(기록물)을 통해 설명하고 듣는 것이 필요하다.

　성경을 읽어야 하는 이유는 많다. 그러나 가장 기본적이고 기초적인 이유는 '창조주이신 하나님을 알기 위해서'다. 성경뿐만 아니라 모든 기록물은 내용을 기록한 저자가 있다. 저자의 생각과 철학을 알려면 그의 책을 읽어야 한다. 그러므로 하나님을 알려면 '성령 하나님'께서 기록한 성경을 읽어야 하는 것은 당연하다. 성경을 통해 '구원의 도리'와 '삶의 방향과 지침'을 얻을 수 있으며, 믿음을 성장시킬 수 있다. 성경은 '하나님의 말씀'으로서 영적인 양식이 되며, 이를 통해 하나님께 더 가까이 나아가고, 사탄의 공격에 대적하며, 삶의 궁극적인 목적과 의미를 깨닫고 순종하는 믿음을 기를 수 있기 때문이다.

구체적으로 성경을 읽어야 하는 이유는, 첫째, 하나님을 더 깊이 알기 위해서다. 성경은 하나님의 뜻을 담은 말씀이다. 성경은 하나님 자신을 우리에게 알리는 책이므로, 성경을 읽음으로써 그분의 마음과 생각, 그리고 그분의 인격과 사랑을 더 깊이 이해할 수 있다. 밥을 먹고 건강하게 성장하듯이, 성경 말씀은 영혼의 양식이다. 꾸준히 성경을 읽으면 하나님으로부터 생명과 은혜를 공급받아 영적으로 건강해질 수 있다. 인간은 하나님을 자력으로 깨달을 수 없다. 인간이 하나님을 알 수 있는 방법(神認識)은 오직 하나님이 자기 자신을 나타내 보여주는 계시로만 가능한 것이며, 이 하나님의 섭리 가운데 완성된 것이 오늘날의 성경책이다. 즉, 하나님은 자녀들에게 계시의 말씀을 통해서 하나님의 뜻과 계획을 알게 하신다.

둘째로, 예수님을 알기 위해서 성경을 읽어야 한다. 예수님은 말씀이 육신이 되어 우리에게 오신 하나님의 아들 그리스도이시기 때문이다. 성경만이 인간의 구원과 생명에 대해서 말하고 있다. 성경은 예수 그리스도를 통한 구원을 알려주고 구세주를 경험하라고 말한다. 다른 방법으로는 구원받을 수 없고, 오직 예수 그리스도를 통해서만 구원을 얻을 수 있다고 말한다. 성경은 우리의 구원의 도리, 즉 우리에게 생명을 주시는 유일한 책이다. 성경 외에 세상의 어떤 책도 우리의 죄를 없애고 생명을 주겠다는 책은 없다. "너희가 성경에서 영생을 얻는 줄 생각하고 성경을 상고하거니와 이 성경이 곧 내게 대하여 증거하는 것이로다"(요5:39). 그리고 예수님을 믿게 함과 그를 통해 생명을 얻게 하려 함이라고 한다. "오직 이것을 기록함은 너희로 예수께서 하나님의 아들 그리스도이심을 믿게 하려 함이요 또 너희로 믿고 그 이름을 힘입어 생명을 얻게 하려 함이니라"(요20:31).

셋째로, 성경은 구원받은 자의 삶의 지표이므로 읽어야 한다. 세상에는 여러 가지 가르침이 있다. 그러나 창조주이신 하나님의 말씀은 오직 성경뿐이다. 그러므로 성도의 삶의 지표는 성경이 최우선이다. 성경은 인간이 쓴 책이 아니라 성령 하나님께서 직접 쓰셨기 때문이다. "모든 성경은 하나님의 감동으로 된 것으로 교훈과 책망과 바르게 함과 의로 교육하기에 유익하니, 이는 하나님의 사람으로 온전하게 하며 모든 선한 일을 행할 능력을 갖추게 하려 함이라"(딤후3:16~17). 성경은 처음 경험하는 일들로 가득 찬, 인생에서 나아가야 할 방향을 알려주는 '인생의 지도'요, '나침반'과 같다. 그래서 성경 읽기는 사탄이 사람들을 분주하게 만들어 하나님을 잊게 하려는 시도를 이겨내는 방법이기도 하다. 성경을 묵상하고 고민하는 것은 사탄을 대적하는 행위다. 성경을 읽는 것은 단순한 지식을 얻는 것이 아니라, 하나님께 순종하기 위한 삶의 기준을 삼고 삶으로 재현하기 위함이다.

그런데 성경을 읽다 보면 이해가 되지 않는 부분이 너무 많다. 시대와 문화적인 차이도 있지만 언어적인 표현과 사용법에도 차이가 있기 때문이다. 그래서 성경은 말한다. "빛이 어둠에 비치되 어둠이 깨닫지 못하더라"(요1:5), "빛이 세상에 왔으되 사람들이 자기 행위가 악하므로 빛보다 어둠을 더 사랑한 것이니라"(요3:19). 어둠은 빛을 깨닫지 못한다. 죄인은 빛보다 어둠을 더 사랑한다. 우리가 성경 읽기를 싫어하고 힘들어하는 것은 진리의 말씀을 깨닫지 못한 자들이기 때문이다. 또한 빛보다 어둠을 사랑하는 죄와 계속해서 싸우는 중이기 때문이다. 만일 우리가 그리스도를 알지 못한다면 빛이신 주를 사랑할 수 없다. 그를 증거하는 성경을 읽고 싶겠는가? 주를 모르는 자에게 성경은 지루한 책이다.

바울은 '믿음'은 들음에서 나고 들음은 그리스도의 말씀에서 난다고 말한다. "그러므로 믿음은 들음에서 나며 들음은 그리스도의 말씀으로 말미암았느니라"(롬10:17). 사망에서 생명으로 옮겨지는 것, 심판에 이르지 않는 것, 영생을 얻는 것은 말씀을 듣는 것과 아주 밀접한 관계를 가진다. 성경을 반드시 읽어야 하는 이유가 여기에 있다. 우리의 영원한 운명이 이 책에 달려 있기 때문이다. 아버지 하나님의 거룩하심을 닮아 모든 죄를 능히 이겨내고 싶은가? 예수 그리스도를 사랑하며 날마다 더 그분을 닮아가고 싶은가? 아버지 하나님과 아들 하나님과 동행하며 그분의 선하심과 인자하심을 풍성히 경험하기 원하는가? 그렇다면 우리는 반드시 성경을 읽어야 한다.

3 성경을 공부해야 하는 이유는 무엇인가?

신앙생활을 시작하면서 갖게 되는 질문이 하나 있다. 교회도 나가고 교회 모임에도 참여하는데 구태여 성경 공부를 해야 하는 이유가 무엇인가? 자문자답으로는 명쾌한 답을 얻을 수 없다. 그리스도인이 성경을 읽고 공부해야 하는 이유들은 다음과 같다.

첫째로, 성경은 '하나님의 말씀'이기 때문이다. 성경은 "하나님의 감동으로 된 것"(딤후3:16)이다. 하나님은 역사적으로 철학자들이 던졌던 많은 질문에 대해 성경에서 답을 해주신다. "나는 누구인가?", "나는 어디서 와서 무엇 때문에 살며 어디로 가는가?", "죽음 후의 삶은 존재하는가?", "왜 이 세상은 악惡으로 가득 차 있는가?" 성경은 이러한 '큰' 질문들에 대한 답을 해준다. 그 외에 삶의 여러 분야에서도 많은 조언을 준다. "어떻게 해야 결혼생활을 잘할 수 있을까?", "어떻게 해야 좋은 부모가 될 수 있을까?", "성공은 무엇이고, 어떻게 그것을 성취할 수 있을까?", "어떻게 해야 내가 변할 수 있을까?", "어떻게 해야 후회하지 않는 삶을 살 수 있을까?" 하는 문제들이다.

둘째로, 성경의 저자인 하나님은 불변하시고, 인간의 본성도 변하지 않기 때문이다. 성경은 그것이 기록되던 때와 마찬가지로 지금도 우리와 깊은 관련이 있다. 기술은 변하더라도, 인간의 본성과 욕구는 변하지 않는다. 우리는 성경의 역사를 통해 개인적 관계든 사회적 관계든 "해 아래는 새것이 없음"(전1:9)을 알 수 있다. 그리고 인간은 계속해서 그릇된 곳에서 사랑과 만족을 구한다. 하지만 우리의 하나님께서는 무엇이 우리에게 영구적인 기쁨인지 말씀하신다. 하나님의 특별계시인 성경은 너무 중요해서 예수님께서도 이것에 대해 "사람이 떡으로만 살 것이 아니요 하나님의 입에서 나오는 모든 말씀으로 살 것이라"(마4:4)고 말씀하셨다. 우리가 하나님께서 의도하신 대로 은혜의 충만한 삶을 살기를 원한다면, 하나님의 기록된 말씀을 읽고 귀 기울여 경청해야 한다.

셋째로, 성경은 전적으로 신뢰할 수 있고 오류가 없기 때문이다. 성경은 '거룩한' 책으로 인간 기자記者를 통해 성령께서 쓰신 책이다. 단지 도덕적 가르침이나 "나를 믿으라"고 말하는 책이 아니다. 오히려 우리는 성경이 말하는 수백 개의 상세한 예언들과 역사 내용들, 그리고 성경과 관련된 과학적 사실들을 검토함으로써 성경이 신뢰할 수 있는 책이라는 것을 알 수 있다. 성경에 오류가 있다고 말하는 사람들도 있다. 그러나 그들은 진리를 향해 그들의 귀를 닫고 있는 것이다. 우리는 역사적, 과학적 예언의 정확성과 같은 우리가 검증할 수 있는 영역에서 성경이 참인 것을 볼 수 있다. 나아가 우리의 감각으로 검증할 수 없는 영靈적인 영역에 대해 하나님의 말씀이 참이라는 확신을 갖게 된다.

넷째로, 세상에는 그릇된 가르침이 많기 때문이다. 성경은 우리에게 진리와 오류를 구분해 낼 수 있는 기준점을 제공한다. 성경은 하나님이 어떤 분이신지에 대하여 말한다. 하나님에 대해 잘못된 인식을 갖게 되면 우상과 거짓된 신을 숭배하게 된다. 성경은 어떻게 사람이 천국에 갈 수 있는지에 대해 말하며, 그것은 좋은 사람이 되거나 세례받거나, 또는 우리의 행위에 의해 이루어지는 것이 아니라고 말한다(요14:6, 엡2:1~10, 사53:6, 롬3:10~18, 5:8, 6:23, 10:9~13). 이런 점에서, 하나님의 말씀은 하나님께서 우리를 얼마나 사랑하시는지를 보여준다(롬5:6~8, 요3:16).

다섯째, 성경은 하나님을 섬길 수 있도록 지침을 준다(딤후3:17, 엡6:17, 히4:12). 성경은 우리가 우리의 죄와 그것으로 인한 궁극적인 결과로부터 어떻게 구원받을 수 있는지를 깨닫게 한다(딤후3:15). 하나님의 말씀을 묵상하고 그 가르침에 순종하면 형통한 삶을 살 수 있다(수1:8, 약1:25). 하나님의 말씀은 우리의 삶 가운데 있는 죄를 보게 해주고 그것을 제거하도록 도와준다(시119:9, 11). 성경은 우리를 우리의 스승들보다 더 지혜롭게 만들어 주고, 우리의 삶을 인도한다(시32:8, 119:99, 잠1:6). 성경은 사소한 것이나 일시적인 것들에 우리의 인생을 낭비하지 않도록 해준다(마7:24~27).

여섯째, 성경을 공부하는 것은 죄악의 미혹을 간파할 수 있게 한다. 우리가 직접 실수를 저지르지 않고 다른 이들의 실수로부터 교훈을 얻을 수 있다. 경험은 위대한 스승이지만, 죄를 통한 경험은 너무 끔찍하다. 다른 사람들의 실수로부터 배우는 것이 훨씬 좋지 않겠는가? 반면교사 反面敎師라는 말이 있다. 성경에는 수많은 인물이 나온다. 그들 중 일부는 그들의 삶의 여러 시점에 따라 긍정적 또는 부정적인 모델이 될 수 있다. 예를 들면, 골리앗을 물리친 다윗은 그 어떤 것보다 하나님이 더 크시다는 사실을 가르쳐준다(삼상 17장). 그러나 밧세바와의 간음을 통해 유혹에 굴복한 다윗은 한순간의 죄악된 쾌락이 얼마나 길고 끔찍한 결과를 초래할 수 있는지를 알게 한다(삼하 11장).

성경은 단지 읽기만을 위한 책이 아니다. 우리의 삶에 적용될 수 있도록 성경을 공부해야 한다. 그렇지 않으면 음식을 씹지 않고 삼켰다가 그 음식을 다시 밖으로 토해 내는 것과 같다. 이럴 때는 아무런 영양가도 얻지 못한다. 성경은 하나님의 말씀이다. 그러므로 그것은 자연의 법칙처럼 구속력이 있다. 우리는 성경을 무시할 수 있지만, 중력의 법칙을 무시하면 우리 스스로 손상을 입듯이 성경도 마찬가지다. 성경을 공부하는 것은 금을 캐는 것과 같다. 만일 냇가에서 적은 노력을 들여 자갈들만 들춰본다면 단지 작은 사금밖에 얻을 수 없다. 그러나 열심으로 파헤치려고 더욱 노력한다면, 그 노력에 대한 더 많은 보상을 받게 될 것이다.

4 성경은 정말 하나님의 말씀인가?

　성경이 정말 하나님의 말씀인가? 이 질문의 답은 신앙생활을 시작하려는 사람에게 가장 중요한 지침이다. 정말 하나님의 말씀이라면 성경을 소중히 여기고 공부하며, 성경 말씀에 순종하고 신뢰해야 한다. 또한 성경이 하나님의 말씀인데 성경을 거부한다면, 그것은 곧 하나님을 거부하는 일이 된다. 성경 말씀을 신뢰하지 않는 사람이 하나님을 어찌 창조주로 믿으며, 천국을 소망하는 삶을 살 수 있겠는가?

　하나님의 '존재'를 인정하고 신뢰하는가? 하나님께서 우리에게 성경을 주셨다는 사실은 어떻게 알았는가? 이에 대한 답은 '계시啓示'에서 찾을 수 있다. 간단히 말해 '계시'라는 용어는 하나님이 자신은 어떤 분이시고, 어떻게 그분과 올바른 관계를 가질 수 있는지 인류에게 알려주신 용어다. 일반계시는 자연을 통하여 하나님에 대해 알 수 있는 일반적인 진리를 말한다. 특별계시는 초자연적인 것을 통하여 하나님에 대해 알 수 있는, 보다 구체적인 진리를 말한다. 흔히 성경을 '특별계시'라고 한다. 하나님이 성경을 통해 계시하지 않으셨다면, 우리는 하나님이 누구이시며 우리가 어떻게 그분과 교제하는지 알지 못했을 것이다.

하나님은 성경을 통해 자신에 대한 계시를 약 1,500년 간에 걸쳐 점진적으로 알려주셨다. 하나님과 올바른 관계를 갖기 위해 인간이 알아야 할 모든 것들은 항상 성경에 담겨 있다. 성경의 특별계시가 아니면 인간은 하나님에 대해 아무것도 알 수가 없다. 지금까지 다른 종교 서적들과 구별되는, 성경만의 유일한 특징은 무엇인가? 성경이 정말로 하나님의 말씀이라는 증거가 있는가? 성경이 바로 하나님의 말씀이고 하나님의 감동으로 되었으며, 믿음과 실천의 모든 문제에 대한 완전하고 충분한 답이 된다는 성경 자체의 주장이 타당한지 밝혀야 한다. 성경은 의심할 여지 없이 성경 자체가 바로 하나님의 말씀이라고 주장한다. "성경은 능히… 믿음으로 말미암아 구원에 이르는 지혜가 있게 하느니라. 모든 성경은 하나님의 감동으로 된 것으로 교훈과 책망과 바르게 함과 의로 교육하기에 유익하니, 이는 하나님의 사람으로 온전하게 하며 모든 선한 일을 행할 능력을 갖추게 하려 함이라"(딤후3:15~17).

성경이 정말로 하나님의 말씀이라는 증거는, 첫째로, '성경의 통일성'이다. 실제로 성경은 66권의 각각의 책이며, 세 개의 대륙에서, 세 개의 언어로 쓰였다. 약 1,500년에 걸쳐 서로 다른 다양한 삶을 살아온 40명 이상의 저자들에 의해 쓰였다. 그럼에도 성경은 처음부터 끝까지 모순되지 않고 한 권의 통일된 책으로 남아 있다. 두 번째 증거는 '성경의 예언들'이다. 이스라엘을 포함한 각 나라들, 인류의 미래와 관련된 수백 개의 상세한 예언을 담고 있다. 구약성경에 나타난 예수 그리스도에 관한 예언은 무려 300개가 넘는다. 예수님이 태어나실 장소와 예수님의 혈통뿐만 아니라 그분께서 어떻게 죽으실 것인지, 어떻게 부활하실 것인지에 대해서다. 세 번째 증거는 '성경만의 유일무이唯一無二한 권위와 능력'이다. 성경은 이제까지 쓰인 그 어느 책과도 다른 권위를 가진다. 하나님 말씀의 초자연적인 능력에 의해 변화된 수많은 삶이 성경의 권위와 능력을 가장 잘 보여주고 있다.

네 번째 증거는, '저자들의 진실성'이다. 하나님의 말씀을 기록하기 위해 각계각층의 사람들을 사용하셨는데, 그들의 삶을 살펴보면 모두 정직하고 진실한 사람들이었다. 성경의 저자들은 자신의 믿음을 위해 매우 고통스러운 죽음을 기꺼이 당했다. 이것은 평범하고 정직한 사람들이 하나님이 그들에게 하신 말씀을 진정으로 믿었다는 것을 증명한다. 이는 그들이 예수 그리스도께서 부활하신 후 그분과 함께했기 때문이다. 부활하신 그리스도를 목도한 사실은 저자들에게 지대한 영향을 끼쳤다. 그들의 삶과 죽음은 성경이 진실로 하나님의 말씀이라는 사실을 증명한다. 다섯 번째 증거는 '성경의 역사적 사실성'이다. 성경은 역사적 사건들을 자세히 말하고 있기 때문에, 성경의 진실성과 정확성은 검증된다고 할 수 있다. 이는 고고학적 증거들을 통해 계속 입증되고 있다. 성경을 지지하는 모든 고고학적 증거와 사본寫本의 증거는 성경이 고대 세계로부터의 문헌임을 입증한다.

마지막 증거는 '성경의 불멸성'이다. 성경은 역사적으로 그 어떤 다른 책보다 악독한 공격과 파괴의 시도에 시달려 왔다. 초기 로마 황제들부터 공산주의자, 독재자들을 거쳐 현대의 무신론자들에 이르기까지, 성경은 그 모든 공격을 견뎌내고 고유한 위치를 지켜왔다. 그리고 오늘날에도 여전히 세상에서 가장 널리 보급된 책이다. 고고학은 성경이 가진 역사성이 사실임을 확인해 왔다. 성경의 도덕적이고 법적인 개념들과 가르침들은 전 세계를 통해 사회와 문화에 긍정적인 영향을 끼쳤다. 성경은 사이비 과학, 심리학, 정치적으로 계속 공격을 당했지만 처음 기록되었던 그대로 오늘날까지 참되고 의의意義 있는 것으로 남아 있다. 성경은 지난 이천 년에 걸쳐 수많은 삶과 문화를 변화시켜온 책이다. 반대자들이 아무리 성경을 공격하고 파괴하고 평판을 손상시켜도, 성경은 여전히 남아 있다. 삶에 대한 성경의 진실성과 성경이 끼치는 영향력은 틀림없다. 성경을 공격하고 파괴시키려는 모든 시도에도 성경이 아직까지 정확하게 보존되고 있다는 건, 성경이 참으로 하나님의 말씀이고 하나님께서 성경을 초자연적으로 보호하고 계시다는 명백한 증거다. 예수님은 말씀하셨다. "천지는 없어지겠으나 내 말은 없어지지 아니하리라"(막13:31). 이런 증거들을 살피고 나면 우리는 의심할 여지 없이 "그렇습니다, 성경은 정말 하나님의 말씀입니다!"라고 고백할 수 있다.

모세오경이란 무엇인가?

모세오경五經은 모세가 기록했다고 믿고 있는 성경 첫 다섯 권의 책의 명칭이다. 창세기, 출애굽기, 레위기, 민수기, 신명기는 원래 한 권의 책이었다. 모세오경의 책들은 직접 저자를 명확하게 밝히지 않는다. 그러나 모세가 저자이거나 모세가 한 말(출17:14, 24:4~7, 민3~12, 신31:9~22)이라고 볼 수 있는 구절이 많다. 대부분의 학자들은 B.C. 15세기경에 모세가 기록했다고 본다. 모세오경의 저자가 모세라는 것을 보여주는 가장 중요한 증거는 예수님께서 직접 구약성경의 이 부분을 "모세의 율법"(눅24:44)이라고 언급하신 것이다.

모세오경에는 모세가 아닌 다른 사람이 추가한 것으로 보이는 구절도 몇 개 있지만(예를 들어 모세의 죽음과 장례를 묘사한 신명기 34:5~8의 경우) 학자들은 모세가 이 책들을 쓴 것으로 본다. 여호수아나 다른 사람들이 실제로 원문을 작성했다고 해도, 하나님께서 모세를 통해 가르침과 계시를 전달하셨던 것이고, 실제로 누가 그 말씀을 기록했든 최종 저자는 하나님이셨으며, 이 책들은 여전히 영감을 받은 것이다.

‘모세오경(Pentateuch)’이라는 단어는 ‘pentateuchos’에서 온 말인데 ‘다섯 개’라는 의미의 헬라어 ‘펜타(penta)’와 ‘두루마리’ ‘권’을 말하는 헬라어 ‘teuchos’의 합성어다. 따라서 ‘모세오경’은 유대교 정경의 세 부분 중 첫 부분을 이루는 다섯 권의 두루마리를 가리킨다. 모세오경이라는 이름의 유래는 기독교의 교부이자 평신도 신학자인 터툴리안이 성경의 첫 다섯 권을 부르기 시작한 주후 200년부터다. 히브리어로 ‘율법’을 의미하는 토라(Torah)로 알려진 이 성경 다섯 권의 책은 창세기, 출애굽기, 레위기, 민수기, 신명기다.

유대인들은 일반적으로 구약성경을 세 부분으로 나누었다. 토라(율법서), 느비임(예언서), 그리고 케투빔(성문서)이다. 토라에는 율법을 담은 모세오경이, 느비임에는 예언자들의 예언이, 케투빔에는 역사서, 시가서, 지혜서 등이 포함된다. 율법 또는 토라는 창조와 하나님께서 아브라함과 유대민족을 당신의 백성으로 선택하신 역사적 배경을 담고 있다. 토라는 또한 시내산에서 이스라엘 백성에게 주어진 율법을 포함한다. 성경은 이 다섯 권의 책을 여러 명칭으로 부른다. 여호수아 1:7에서는 “모세가 네게 명령한 그 율법(토라)”이라고 했으며, 열왕기상 2:3에서는 “모세의 율법”으로 칭했다.

모세오경을 이루는 성경 다섯 권의 책들에서 하나님은 인간에게 꾸준히 나타나시기 시작한다. 창세기를 통해 우리는 창조의 시작, 인간의 타락, 구원의 약속, 인류 문명의 시작, 그리고 하나님과 그 택하신 민족 이스라엘 사이의 언약적 관계를 볼 수 있다.

출애굽기는 언약의 백성을 노예 신분에서 구원하시는 하나님의 구원

역사를 기록한다. 그리고 하나님께서 따로 떼어 놓으신 약속의 땅을 소유하도록 그 백성이 준비되어 가는 과정을 기록한다. 출애굽기는 하나님께서 아브라함에게 약속하신 대로, 이스라엘 백성이 400년의 노예 생활 이후 출애굽하는 사건을 기록하고 있다(창15:13). 출애굽기는 하나님이 시내산에서 이스라엘 백성과 맺은 언약 및 성막에 대한 지침들, 십계명, 그리고 이스라엘 백성이 하나님께 어떻게 예배해야 하는지에 대한 가르침들을 망라한다.

레위기는 출애굽기에 이어, 언약 백성인 이스라엘이 어떻게 하나님을 예배하고, 스스로를 다스려야 하는지에 대한 가르침이다. 레위기는 그리스도의 완전한 희생이 속죄를 완수하기 전까지 하나님께서 자기 백성의 죄를 눈감아 주실 수 있도록 하는 희생 제도의 요건을 말하고 있다.

민수기는 이스라엘 백성이 애굽에서 나와 40년 동안 광야에서 방황하며 가나안 땅을 향해 나아가는 여정에 관한 책이다. 그 과정에서의 사건들과 율법 수여와 함께 두 번의 인구 조사, 백성들의 불평과 반역, 그리고 이에 대한 하나님의 심판과 축복을 담고 있다. 이 책은 이스라엘 백성이 가나안 땅에서 하나님의 백성으로 살아가기 위한 훈련 과정을 보여주며, 결국 약속의 땅에 들어가지 못하게 된 세대와 약속을 믿고 들어간 후손 세대의 이야기를 통해 신앙의 중요성을 강조한다.

모세오경을 이루는 다섯 권 중 마지막 책은 신명기다. 신명기는 때때로 '두 번째 율법' 또는 '율법의 반복'으로 일컬어진다. 신명기는 이스라엘 백성이 약속의 땅에 들어가기 전, 백성들 앞에서 모세가 한 마지막 말을 기록한다(신1:1). 신명기에서는 하나님께서 시내산에서 내려주신 율법이

다시 반복되고 설명된다. 이스라엘 백성이 역사의 새로운 장을 열기 시작하면서, 모세는 그들에게 하나님의 계명들과 하나님께 순종함으로 말미암아 얻게 될 축복과 불순종에 따를 저주를 상기시킨다.

모세오경이 일반적으로 역사서라고 여겨지는 이유는 역사적 사건들을 기록하고 있기 때문이다. 종종 율법이라고 불리지만, 사실 이 책들은 율법보다 더 많은 것을 담고 있다. 이 책들은 구원과 관련한 하나님의 계획을 전체적으로 보여주며, 성경에 나오는 모든 배경을 알려준다. 모세오경에 담긴 약속들과 형식들, 예언들은 예수 그리스도의 인격과 사역 안에서 궁극적으로 성취된다.

6 왜 성경 말씀을 믿어야 하는가?

성경은 우주를 창조하시고 다스리시는 하나님의 본성과 인류의 운명에 관한 이야기를 담은 책이다. 성경은 인류 역사상 가장 중요한 책이다. 성경이 진실이라면, 인간의 삶에 있어서 가장 중요한 질문에 관한 답을 말하고 있다. 바로 "나는 어디에서 왔는가?", "나는 무엇 때문에 사는가?", "내가 죽으면 어디로 가는가?"라는 질문이다. 성경의 메시지는 공정하게 평가되어야 하며, 그 진실성의 여부는 메시지를 관찰하며 철저한 조사를 통해 확인할 수 있다.

성경의 저자들은 성경이 하나님의 말씀이라고 주장한다. 사도 바울은 "모든 성경은 하나님의 감동으로 된 것"이라고 하였다(딤후3:16). 즉, 성경 원문에 기록된 것은 성경 저자들이 기록하기 전에 하나님의 입에서 나온 것이다. 사도 베드로도 말한다. "예언은 언제든지 사람의 뜻으로 낸 것이 아니요 오직 성령의 감동하심을 받은 사람들이 하나님께 받아 말한 것임이라"(벧후1:21). 성경의 기록은 성령님에 의해 이루어졌다. 성경은 사람에게서 나온 것이 아니라 하나님께서 만드신 것이며 하나님의 권위를 담고 있다.

이 시점에서는 순환 논법이 성경을 믿어야 하는 이유로 사용되면 안 된다. 즉 성경이 말하는 것을 믿어야 하니까 성경을 단순히 믿어야 한다고 말할 수 없다. 그러나 성경에서 말하는 것에 관한 진실성을 시험했을 때 그것이 진실한 것으로 드러나고 역사적, 과학적으로 증명된다면 성경의 신뢰성은 설득력을 갖게 된다. 이런 내부 증거는 외부 증거와 함께 작동된다. 성경의 진실성에 관한 내부 증거는 왜 성경을 믿어야 하는지에 대한 많은 설득력 있는 주장을 제공한다.

첫 번째 이유는, 성경의 독특한 메시지로, 다른 종교적 경전과 구별된다. 예를 들어, 성경은 인간이 본질적으로 악惡하고 영원한 죽음에 이를 것이라고 한다. 만약 인간이 성경에서 말하는 내용에 관해 책임을 질 수 있었다면 인류에 대한 관점이 그렇게 어둡지는 않을 것이다. 인간에게는 자신을 좋게 보이게 하려는 경향이 있다. 성경은 인간이 자신의 상태를 치유하기 위해 스스로 할 수 있는 것이 아무것도 없다고 가르친다. 이것 역시 인간의 자존심을 거스르는 것이다.

두 번째 이유는, 성경의 메시지가 하나로 통합되는 것을 통해 우리는 성경을 믿을 수 있다. 성경은 약 1,550년 동안 적어도 40명의 저자들에 의해 쓰였으며, 대부분은 서로를 알지 못하는 다양한 사람들로 구성되어 있다. 성경은 다양한 환경인 사막, 감옥, 궁정 등에서 쓰였다. 성경은 세 가지 다른 언어로 쓰였으며, 하나의 조화로운 메시지를 전달한다. 성경에 오류가 있는 것처럼 보이지만, 창세기에서 요한계시록까지의 메시지는 믿을 수 없을 정도로 일관성과 통일성이 있다.

성경을 믿어야 하는 또 다른 이유는, 그 정확성 때문이다. 성경은 과학

서적은 아니지만, 그렇다고 성경이 과학적인 문제에 관해 말하지 않는다는 의미는 아니다. 예를 들어 물의 순환은 과학적 발견이 있기 수세기 전에 이미 성경에서 묘사되었다. 어떤 경우에는 과학과 성경이 서로 상충되는 것처럼 보이는 문제들도 있다. 그러나 과학이 발전함에 따라 그 과학 이론이 잘못되었고 성경이 옳다는 것이 증명되었다. 질병을 치료하기 위해 환자들의 피를 빼내는 치료 방법이 있었다. 이 과정에서 많은 사람들이 과도한 출혈로 사망했다. 이제 의료 전문가들은 질병에 대한 치료법 중 유혈이 비효율적이라는 것을 잘 알고 있다. 성경은 항상 "육체의 생명은 피에 있음이라"라고 가르쳤다(레17:11).

성경의 과학적, 역사적 정확성은 성경의 신뢰성에 대한 중요한 증거이지만, 성경에는 성취된 예언들도 기록되어 있다. 어떤 성경 저자들은 수세기 전에 미래의 사건에 관해 이야기하였다. 만일 그중 하나가 성취되었다면 정말 놀라운 일이다. 이처럼 성경에는 많은 예언이 있다. 그리고 어떤 예언은 짧은 기간 안에 성취되었다. 즉, 아브라함과 사라는 아들을 낳았고, 베드로는 예수님을 세 번 부인했으며, 바울은 로마에서 예수님의 증인이 되었다. 또 어떤 예언들은 수백 년 후에 성취되었다. 예수님께서 성취하신 300개의 메시아에 관한 예언은 어떤 더 큰 힘이 개입하지 않았다면 한 사람에게서 성취될 수 없는 것이다. 예수님의 출생지, 활동, 죽음의 방식, 부활과 같은 구체적인 예언들은 성경의 초자연적인 정확성을 우리에게 보여준다.

확인해 보면, 성경은 모든 부분에서 진실임이 증명된다. 그 진리는 영적인 부분까지 확장된다. 즉, 성경에서 헷 족속이 존재한다고 말한다면, 우리는 헷 족속이 있었다고 믿을 수 있다. 성경에서 "모든 사람이 죄를 범했으며"(롬3:23), "죄의 값은 사망"(롬6:23)이라고 가르친다면, 우리는 그것을 믿어야 한다. 또 성경에서 "우리가 아직 죄인 되었을 때에 그리스도께서 우리를 위하여 죽으심으로 하나님께서 우리에 대한 자기의 사랑을 확증하셨느니라"(롬5:8)라는 말씀과 "이는 그를 믿는 자마다 멸망하지 않고 영생을 얻게 하려 하심이라"(요3:16)라는 말씀을 한다면, 우리는 이 말씀을 믿을 수 있고 또 믿어야 한다. 성경 말씀은 진실이기 때문이다.

구약과 신약 성경의 차이점은 무엇인가?

성경은 통일된 책이지만, 구약과 신약에는 차이가 있다. 여러 면에서 신·구약은 서로 보완이 된다. 구약은 기초가 되며, 신약은 그 기초 위에 하나님으로부터 받은 추가적인 계시를 더한다. 구약은 신약의 진리를 이해하는 데 도움이 되는 원칙들을 세운다. 구약에는 신약에서 성취된 많은 예언이 들어 있다. 구약은 '한 나라' 백성들의 역사를 제공하며, 신약의 초점은 '한 분'에게 있다. 구약은 하나님의 은혜를 살짝 보여주면서, 죄에 대한 하나님의 진노를 말한다. 신약은 하나님의 진노를 살짝 보여주면서, 죄인을 향한 하나님의 은혜를 말한다.

구약은 메시아를 예언하고(사 53장), 신약은 메시아가 누구인지를 알려준다. "여자가 이르되 메시아 곧 그리스도라 하는 이가 오실 줄을 내가 아노니 그가 오시면 모든 것을 우리에게 알려 주시리이다. 예수께서 이르시되 네게 말하는 내가 그라 하시니라"(요4:25~26). 구약은 하나님이 율법을 주신 것을 기록하고 있으며, 신약은 메시아이신 예수님께서 어떻게 그 율법을 성취하셨는지 보여준다. "내가 율법이나 선지자를 폐하러 온 줄로 생각하지 말라 폐하러 온 것이 아니요 완전하게 하려 함이라”(마5:17). 구약에서는 택한 백성인 유대인들을 다루시는 하나님을 보여준다. 신약에서는 주로 교회를 다루시는 하나님을 보여준다. “또 내가 네게 이르노니 너는 베드로라 내가 이 반석 위에 내 교회를 세우리니 음부의 권세가 이기지 못하리라”(마16:18). 옛 언약 아래에서(신29:9) 약속된 이 땅의 축복은 새 언약 아래에서는 영적인 축복으로 바뀐다. “찬송하리로다 하나님 곧 우리 주 예수 그리스도의 아버지께서 그리스도 안에서 하늘에 속한 모든 신령한 복을 우리에게 주시되”(엡1:3).

그리스도의 오심과 관련된 구약의 예언들은 믿을 수 없을 정도로 상세하지만, 상당히 모호한 부분들을 담고 있다. 그러나 신약에서 그 모호한 부분들이 분명하여진다. 예를 들어, 선지자 이사야는 메시아의 죽음(사 53장)과 메시아 왕국(사 26장)의 설립에 대해 말하지만, 두 사건의 연대와 관련해서는 아무런 단서를 제시하지 않는다. 즉, 메시아의 고통과 왕국의 설립 사이에는 수천 년의 기간이 있다는 사실에 대해 아무런 힌트를 주지 않는다. 반면 신약성경에서는 메시아가 두 번 출현하는 것을 분명하게 알려준다. 처음에 오셔서는 고난을 당하여 죽으셨고, 부활하셨으며, 두 번째로 오실 때는 그분의 왕국을 세우실 것이다.

성경에서 하나님의 계시는 점진적이다. 그래서 신약은 구약에서 소개된 원칙들에 대하여 더욱 예리하게 밝혀준다. 히브리서는 예수님이 왜 참 대제사장이신지, 어떻게 예수님의 단번單番의 희생이 과거의 모든 희생 제사를 대신하는지를 설명해 준다. 구약의 유월절 양은 신약에서 하나님의 어린 양이 된다. “제사장들과 레위 사람들이 일제히 몸을 정결하게 하여 다 정결하매 사로잡혔던 자들의 모든 자손과 자기 형제 제사장들과 자기를 위하여 유월절 양을 잡으니”(스6:20). “이튿날 요한이 예수께서 자기에게 나아오심을 보고 이르되 보라 세상 죄를 지고 가는 하나님의 어린 양이로다"(요1:29).

구약은 율법을 제시한다. 그리고 신약에서는 율법이 사람들에게 구원의 필요성을 보여주려는 것이지, 결코 구원의 수단으로 의도되었던 것이 아님을 분명히 한다. "우리가 알거니와 무릇 율법이 말하는 바는 율법 아래에 있는 자들에게 말하는 것이니 이는 모든 입을 막고 온 세상으로 하나님의 심판 아래에 있게 하려 함이라"(롬3:19).

구약은 아담 때문에 잃어버린 낙원을 보여주며, 신약은 두 번째 아담(그리스도)을 통하여 어떻게 낙원이 회복되는지를 보여준다. 구약은 사람이 죄로 인하여 하나님으로부터 분리된 사실을 선언하고(창 3장), 신약은 사람과 하나님과의 관계가 회복될 수 있다고 선언한다(롬 3~6장). 구약은 메시아의 삶을 예언하였다. 그리고 신약의 복음서福音書는 예수님의 생애를 기록하고, 서신서書信書는 그분의 생애를 해석하면서 우리가 그분이 행하신 모든 일에 어떻게 반응해야 하는지를 알려준다.

즉, 구약은 세상 죄를 위하여 자신을 희생시키실 메시아가 오실 수 있도록 토대를 놓는다. "그는 우리 죄를 위한 화목 제물이니 우리만 위할 뿐 아니요 온 세상의 죄를 위하심이라"(요일2:2). 신약은 예수 그리스도의 사역을 기록한 다음, 그분이 행하신 일을 되돌아보며 우리가 어떻게 반응해야 하는지 알려준다. 이 두 언약은 죄를 정죄하면서도 속죄의 희생을 통해 죄인을 구원하고자 하시는 거룩하고 자비롭고 의로우신 하나님을 공동으로 계시한다. 하나님은 신·구약 전체를 통하여 자신을 우리에게 계시하시고, 우리가 믿음을 통해 어떻게 그분께 나아가야 하는지를 보여준다. "아브람이 여호와를 믿으니 여호와께서 이를 그의 의로 여기시고"(창15:6). "너희는 그 은혜에 의하여 믿음으로 말미암아 구원을 받았으니 이것은 너희에게서 난 것이 아니요 하나님의 선물이라"(엡2:8).

8 구약성경을 공부하는 이유는 무엇인가?

흔히 그리스도인들을 향해서 '믿는 사람'이라고 말한다. 무엇을 믿는 사람인가? 그것은 믿음의 본질을 말하는 것이 아니라 겉으로 드러난 삶의 태도를 보고 하는 말이다. 믿는다는 말은 하나님의 말씀에 순종하고, 주어진 현실 상황에 순종하는 것이다. 자신의 영혼을 하나님께 전적으로 의탁하는 것이다. 여기에서 성경 공부의 필요성이 제기된다. 말씀에 순종하기 위해 성경을 알아야 한다. 믿음을 실천하기 위해 성경 공부가 필요하다. 그렇다면 믿음의 실천은 무엇인가? 하나님을 사랑하는 것이며, 이웃을 사랑하는 것이다(마22:37~39).

성경은 인간이 하나님 앞에 나아가는 유일한 길을 가르쳐 준다. 즉 창조주 하나님을 알게 하는 안내자요, 교사이다. 성경은 '인생사용설명서', 즉, 인생사용 매뉴얼이다. 내가 누구인지 알게 한다. 어떻게 살아야 하는지 알려준다. 그러므로 성경을 읽어야 한다. 그래야 진정한 그리스도인이 될 수 있다. 하나님의 말씀에 순종할 수 있다. 믿음은 바로 '하나님을 향한 내 영혼의 바른 자세'를 말한다. 성경을 읽음으로써 하나님을 알고 나를 알아야 한다. 삼위일체三位一體 하나님을 알아야 한다.

성경을 읽으면서 말씀의 현장을 방문하자. 세상 역사에도 장소가 있고, 연극에서도 배경이 있지 않은가? 이스라엘의 지리라고 생각하지 말고 하나님의 사역 현장이라고 생각하자! 지중해로, 갈릴리 바다로, 요단강으로, 사해로 성경 나들이를 가자! 예루살렘에서 참 평화를 맛보자! 평화의 도시, 여부스, 다윗성, 시온성이라고 부른다. 사마리아 성과 사마리아 지역을 구별하여 방문하자! 가버나움에 가서 주님의 사역지를 돌아보자. 갈릴리 북부의 어업 도시다. '나차르'에서 유래, '파수꾼, 지켜봄'의 뜻을 가지고 있는 나사렛에 가보자! 주님이 어린 시절을 보낸 곳이다. 세계에서 가장 오래된 고도古都, 요단 계곡으로 내려가는 여리고를 들르지 않을 수 없다. 배가 고프면 떡을 먹어야 한다. 떡집으로 가자! 그곳이 주님이 태어난 베들레헴이다. 족장들의 고향이며 막벨라 굴이 있는 헤브론에 머무르자! 광야에서는 물이 필수다. 일곱 개의 우물이라는 브엘세바에 가자! 족장, 사사시대의 중심지요, 요셉의 무덤이 있는 세겜에 가자! 꿈쟁이 요셉이 왜 거기에서 잠들어야 했는가?

구약을 공부하고 연구하는 데는 여러 가지 이유가 있다. 하나는, 구약이 신약에서 발견되는 교훈들과 사건들의 토대가 되기 때문이다. 성경은 점진적인 계시이다. 좋은 책을 읽을 때 앞의 반 정도를 건너뛰고 읽는다면 책에 나오는 인물들과 줄거리, 결말을 이해하는 데 어려움을 겪게 될 것이다. 마찬가지로, 우리가 신약성경을 온전하게 이해하려면, 구약의 사건들과 인물들과 율법과 희생 제사와 언약 및 약속의 토대를 보아야만 한다. 우리가 신약만 갖고 있다면 복음서를 대할 때, 왜 유대인들이 메시아를 기다렸는지 알 수 없을 것이다. 왜 메시아가 와야 하는지 이해하지 못할 것이다. 그분에 관해 주어진 많은 상세한 예언을 통하여 나사렛 예수를 메시아로 식별할 수 없을 것이다. 예를 들면, 그의 탄생지(미5:2),

죽음의 방식(시22:1, 7~8, 69:21), 부활(시16:10), 그분의 사역에 대한 더 많은 세부 내용(사9:2, 52:3)이다.

구약의 공부는 신약에 언급된 유대인의 관습을 이해하는 데에도 중요하다. 구약을 모른다면 바리새인들이 자신들의 전통을 더함으로써 어떻게 하나님의 율법을 왜곡시켰는지 이해할 수 없을 것이며, 예수님께서 성전 안뜰을 정결하게 하실 때 왜 그렇게 분노하셨는지, 또 예수님께서 원수들에게 답변할 때 사용하였던 수많은 말씀들을 어디에서 가져오셨는지 이해하지 못할 것이다. 구약은 성경이 사람의 말이 아니라, 오직 하나님의 말씀이어야만 성취될 수 있는 수많은 상세한 예언을 기록하고 있다(단 7장). 예를 들어 다니엘의 예언은 국가의 흥망에 대하여 구체적인 내용을 제시한다. 이 예언들은 너무 정확해서, 회의론자들은 사건이 발생한 이후에 그 예언들이 쓰인 것이라고 믿을 정도였다.

또한 구약은 수많은 교훈을 담고 있기 때문에 구약을 공부해야 한다. 구약에 나오는 인물들의 삶을 관찰함으로써 우리 자신의 삶을 위한 지침을 발견할 수 있다. 어떤 일이든 하나님을 신뢰하라는 권면을 받으며(단 3장), 확신(단 1장)에 굳게 서야 한다는 것과, 신실함에 대한 보상을 기다리는 것을 배운다(단 6장). 변명보다는 가능한 한 빨리 죄를 고백하는 것이 최선책이라는 것을 배우며(삼상 15장), 죄가 우리를 삼키려고 하기에 죄를 가지고 장난해서는 안 된다는 것을 배운다(삿 13~16장). 죄가 우리 자신뿐만 아니라 우리가 사랑하는 자들에게까지도(창 3장) 악한 결과를 가져온다는 것도 배운다. 또한 그 반대로, 우리의 선한 행동이 우리와 우리 주변의 사람들에게 보상을 해준다는 사실을 배우게 된다(출20:5~6). 구약 연구는 우리로 하여금 예언을 이해하는 데에도 도움을 준다. 구약은 유대 민족을 통해 하나님이 성취하실 많은 약속을 담고 있다. 구약은 대환란의 기간을 계시해 주며, 장차 그리스도의 천년 통치가 유대인들을 향한 하나님의 약속을 어떻게 성취하는지, 그리고 성경의 결론이 창세에 드러났던 것들을 어떻게 정리해 내는지 등을 보여준다.

구약은 우리가 하나님을 사랑하고 섬기는 방법을 배울 수 있게 하며, 하나님의 성품에 대하여 더욱 많이 알려준다. 구약의 예언들이 반복적으로 성취된 사실이 드러나면서 성경이 왜 여러 경전 중에서 유일한 것인지 알 수 있게 된다. 성경만이 주장하고 있는 것을 그대로 증명할 수 있는, 영감靈感된 하나님 말씀인 것이다. 간단히 말해서, 아직 구약성경의 각 페이지 속으로 모험해 본 적이 없다면 하나님이 준비해 놓으신 많은 것들을 놓치고 있는 것이다.

9 성경을 공부하는 올바른 방법은 무엇인가?

성경은 과학적 관찰과 연구로 검증된 자연 세계에 대한 다량의 정보를 담고 있다. 히브리서 4장 12절은 "하나님의 말씀은 살아 있고 활력이 있어 좌우에 날선 어떤 검보다도 예리하여 혼과 영과 및 관절과 골수를 찔러 쪼개기까지 하며 또 마음의 생각과 뜻을 판단하나니"라고 말한다. 성경은 약 1,900년 전에 완성되었지만, 그 정확성과 오늘날과의 관련성은 변함없이 남아 있다. 성경은 하나님께서 그분 자신과 인류를 위한 그분의 계획에 관하여 우리에게 주신 모든 계시를 담은 유일한 객관적 자료다.

하지만 성경은 역사책도, 심리 서적도, 또는 과학 잡지도 아니다. 성경은 하나님께서 자신이 누구신지, 그리고 인류를 위한 그분의 바람과 계획이 무엇인지 알려주신 말씀이다. 이 계시의 가장 중요한 요소는 죄로 인하여 하나님과 우리가 분리된 사건과 그분의 아들이신 예수 그리스도의 십자가 위의 희생을 통한 하나님과의 교제 회복의 방법이다. 우리에게 구원이 필요하다는 사실은 변하지 않는다. 우리를 자신과 화목시키려는 하나님의 바람도 역시 변하지 않는다.

성경은 많은 양의 정확하고 연관성 있는 정보를 담고 있다. 성경의 가장 중요한 소식인 구속救贖은 사람에게 보편적으로 계속 적용될 수 있다. 하나님의 말씀은 결코 시대에 뒤지거나, 대체되거나, 또는 개선되지 않을 것이다. 문화도 변하고, 법도 변하고, 세대가 오고 가더라도, 하나님의 말씀은 처음에 기록되었던 때처럼 오늘날과도 연관되어 있다. 성경의 모든 말씀이 반드시 오늘날의 우리에게 명확하게 적용되지는 않는다 할지라도, 모든 성경의 말씀은 오늘날 우리의 삶에 적용할 수 있고, 적용해야 하는 진리를 담고 있다.

성경의 의미를 밝히는 것은 신자들이 이생에서 해야 할 가장 중요한 과제의 하나이기 때문에 성경을 공부하는 올바른 방법을 아는 것은 중요하다. 하나님께서는 우리가 단지 성경을 읽어야 한다고 말씀하지 않으신다. 우리는 그것을 공부해야 하고 올바르게 다루어야 한다. "너는 진리의 말씀을 옳게 분별하며 부끄러울 것이 없는 일꾼으로 인정된 자로 자신을 하나님 앞에 드리기를 힘쓰라"(딤후2:15). 성경을 공부하는 것은 어려운 일이다. 성경을 대충 또는 간략하게 훑어보는 것은 때때로 매우 그릇된 결과를 낳을 수 있다. 그러므로 성경의 올바른 의미를 밝히기 위해서는 몇 가지 원칙들을 이해해야만 한다.

첫째, 성경을 공부하는 사람은 기도하는 가운데 성령께서 이해시켜 주실 것을 간구해야 한다. 이것은 그 일이 성령의 역할 중 하나이기 때문이다. "그러나 진리의 성령이 오시면 그가 너희를 모든 진리 가운데로 인도하시리니 그가 스스로 말하지 않고 오직 들은 것을 말하며 장래 일을 너희에게 알리시리라"(요16:13). 성령께서는 신약성경이 쓰여질 때 사도들을 인도하셨던 것처럼 우리가 성경을 이해하도록 이끄신다. 그러므로 성경은 하나님의 책이라는 것을 기억하고, 우리는 그것의 의미가 무엇인지를 주께 물어보아야 한다. 만일 우리가 그리스도인이라면, 성경의 저자이신 성령께서는 우리 안에 거하시며, 그분이 친히 쓰신 책을 우리가 이해하기를 바라신다.

둘째, 연결된 구절들로부터 어떤 성경 구절을 따로 빼내어 문맥에서 벗어난 뜻을 취하지 않아야 한다. 우리는 문맥을 파악하기 위해 항상 주변 구절들과 장휴들을 읽어야 한다. 모든 성경 말씀은 하나님께로부터 나왔다. "모든 성경은 하나님의 감동으로 된 것으로 교훈과 책망과 바르게 함과 의로 교육하기에 유익하니"(딤후3:16). 하나님께서는 사람을 사용하여 그것을 기록하게 하셨다. 이 사람들은 그들 마음속에 주제를 갖고 있었고, 글 쓴 목적, 그리고 언급하고자 하는 특정한 관건을 갖고 있었다. 성경을 공부하려면 공부하려는 책의 배경을 이해해야 한다. 누가 그 책을 썼는지, 누구에게 쓰였는지, 언제 그리고 왜 그 책이 쓰였는지를 아는 것은 도움이 된다. 또한 우리는 조심스럽게 성경이 말하는 그대로 이해하려고 해야 한다. 그럼에도 불구하고 때때로 사람들은 그들이 원하는 해석을 얻기 위해 자기 자신들만의 의미를 말씀에 부여하려 한다.

셋째, 성경을 제대로 공부하려면 본문 해석을 완전히 독자적으로 하려고 해서는 안 된다. 성경을 평생 연구했던 다른 사람들의 노고를 통해 아무런 이해를 얻을 수 없다고 생각하는 것은 교만이다. 어떤 사람들은 오직 성령님만 의지하면 성경에 감추어진 모든 진리를 발견할 것이라는 잘못된 생각을 가지고 성경에 접근한다. 성령을 주신 그리스도께서는 그리스도의 몸에 속한 자들에게 성령의 은사를 주셨다. 이러한 성령의 은사들 중의 하나가 가르치는 은사다(엡4:11~12, 고전12:28). 이 은사를 가진

교사들은 성경을 올바르게 이해하고 순종할 수 있도록 우리를 도우라고 주께서 보내주신 자들이다. 하나님 말씀의 진리를 이해하고 적용하는 데 있어서 다른 신자들과 함께 서로 도우면서 성경을 공부하는 것이 올바른 지혜다.

그러므로 성경을 공부하는 올바른 방법은 깨달음을 주시는 성령께 기도와 겸손함으로 의존해야 한다. 또한 성경 자체가 성경을 설명하는 것을 인정하는 가운데, 항상 문맥 속에서 구절들을 공부해야 한다. 그리고 성경을 바르게 공부하려고 노력해 온 과거와 현재, 다른 신자들의 노고를 존중해야 한다. 그리고 반드시 하나님이 성경의 저자이심을 잊지 않아야 한다.

하나님께서 4복음서를 주신 이유는 무엇인가?

　신약성경의 복음서는 4부 합창과도 같다. 복음서에는 각각 다르게 노래하는 부분이 있지만, 각 부분이 합쳐져 하나의 아름다운 곡을 이룬다. 4복음서는 서로 약간씩 다른 관점에서 예수님에 관해 증언하지만, 결국 모두 같은 이야기를 한다. 신약성경의 마태, 마가, 누가복음을 통틀어 공관복음(共觀福音, Synoptic Gospels)이라고 한다. 이 세 복음서는 요한복음과 달리, 예수님의 생애와 가르침을 사건의 순서, 문체, 내용 등에서 거의 같은 관점에서 기록하여 '함께 본다(共觀)'는 의미다. 오직 요한복음만이 다른 복음서들이 빠뜨린 부분을 채운다. 이 복음서들은 각각 다른 대상들을 위해 쓰였으며, 예수님 사역의 다른 측면들을 강조한다.

　마태복음의 특징은 유대인의 왕으로 오신 예수님을 묘사하며, 유대인들을 대상으로 기록되었다. 예수님의 가르침 중심의 서술로 산상수훈을 포함한 많은 가르침을 질서정연하게 담고 있다. 교회 공동체를 위한 지침과 종말론적 가르침도 있다. 유대인의 전통과 풍습에 대한 설명을 생략하였고, 구약의 인용이 많으며 '천국'이라는 표현을 자주 사용한다. 예수 그리스도가 구약의 메시아 예언을 성취하신 분임을 강조한다. 예수님의 가르침과 교훈을 집중적으로 다루며, 특히 산상수훈을 통해 천국 백성의 삶의 원리를 가르친다. 제자도, 교회 조직, 지도력 등에 대한 가르침과 거짓 교사들에 대한 경고도 담고 있다. 다른 복음서에 비해 예수님의 가르침과 교훈이 체계적이고 질서정연하다. 천국이 가까웠음을 선포한다.

마가복음의 특징은 거룩한 종으로 오신 하나님의 아들을 설명하며, 로마인들을 대상으로 기록되었다. 예수님의 행적에 집중하여 예수님을 능력 있는 하나님의 아들로 보여준다. 예수님의 고난과 죽음을 강조하고, 복음서 중 가장 짧고 직접적인 스타일로 기록되었다. 예수님의 탄생이나 족보를 생략하고 세례 이후의 사역부터 시작하여 복음이 지닌 새로운 시작의 의미를 보여준다. 독자들이 예수님의 의미를 깊이 생각하도록 이끈다. 예수님의 가르침보다 행적에 더 집중하여, 예수님의 권위와 능력 있는 사역을 생생하게 보여준다. 예수님의 죽음과 그 대속적인 목적에 대해 말씀하며, 복음의 중요한 부분인 고난을 강조한다. 복음서 중 가장 짧고, 직접 목격한 것처럼 생생한 표현을 사용하며, 주의를 집중시키는 방식이다.

누가복음의 특징은 완전한 인간의 모습을 입고 오신 하나님의 아들, 즉 인자人子의 모습을 강조하며, 헬라 문화권을 대상으로 기록되었다. 예수님의 생애에 대한 세밀한 묘사, 예수 그리스도의 구원이 모든 사람을 위한 보편적이고 인류적인 구원이라는 점을 강조한다. 기도, 여성, 소외된 이들에 대한 깊은 관심을 말한다. 예수님의 족보가 아담까지 올라온 인류를 구원하심을 강조한다. 다른 복음서보다 상세한 기록과 세련된 헬라어 구사가 돋보이며, 사도행전과 연결되어 하나의 이야기로 기록된 점도 특징이다. 특정 민족이나 그룹이 아닌 모든 사람에게 열려 있는 보편적인 복음임을 강조한다. 선한 사마리아인의 비유와 이방인 백부장의 믿음 등이 이를 보여준다.

요한복음의 특징은 앞선 세 복음서와 달리 예수님의 가르침과 신성神性에 초점을 맞춰 독자적인 내용을 다룬다는 것이다. 하나님의 아들로서의 신성을 강조하며, 모든 사람을 대상으로 기록되었다. 예수님의 표적을 중심으로 영생과 믿음을 강조하는 깊이 있는 영적 진리를 담고 있다. 또한 예수님과의 개인적인 대화가 많고, 예수님이 창조의 말씀이자 하나님이심을 선포하는 '태초에 말씀이 계시니라'와 같은 독특한 서두로 시작하는 것이 특징이다. 공관복음이 예수님의 행적과 가르침을 균형 있게 기록한 반면, 요한복음은 예수님께서 행하신 일곱 가지 표적을 중심으로 서술하며 이를 통해 예수님의 능력을 보여준다. 예수님이 이 땅에 오신 목적을 '영생'을 주시기 위함이라고 명확히 밝히며, 이를 믿는 자들에게 하나님의 자녀가 되는 권세를 준다고 말한다. 이 글을 읽는 모든 이들이 예수님을 믿게 하려는 목적을 가지고 있다(요20:31). 니고데모나 사마리아 여인 등과 예수님 사이에 이루어진 개인적인 대화가 많아, 초신자부터 깊은 진리를 추구하는 사람 모두에게 유익하다. 단순한 사실을 넘어 심오하고 깊은 영적 진리를 담고 있어서 '영적인 복음서'로 불린다.

각 복음서는 서로 다른 각도에서 예수님을 묘사하여, 예수님이 하나님의 아들이자 구원자라는 사실을 보편적인 진리로 제시하고 있다. 이 네 복음서는 서로 보완적으로 작용하여 예수님의 생애와 사역을 더 풍성하게 이해하도록 돕는다. 어떤 사람들은 복음서의 이야기들 속에서 모순적으로 보이는 것을 지적함으로써 성경의 신빙성을 떨어뜨리려고 했다.

그들은 사건이 제시된 순서의 차이, 또는 그 사건 내 사소한 세부 사항에 대해 지적한다. 네 개의 복음서를 나란히 놓았을 때, 우리는 그들이 모두 동일한 연대기를 따르지 않는다는 것을 알게 된다. 왜냐하면 대부분의 이야기는 주제 순으로 정리되어 있고, 그 속에서 비슷한 주제에 따라 사건들이 분류되어 있기 때문이다.

네 개의 복음서는 하나님께서 인간에게 계시하신 아름다운 증언이다. 예수님의 삶에 대해 조화로운 증언을 하고 있는 세리 마태, 중도 포기 이력을 가진 훈련되지 않았던 유대인 청년 마가, 로마인 의사 누가, 그리고 유대인 어부 요한을 상상해 보시라. 하나님의 간섭하심이 없었다면, 그들이 이렇게 놀랍도록 정확한 이야기들을 쓸 수 없었을 것이다(딤후 3:16). 역사, 예언, 그리고 개인적인 세부 사항들이 모두 합쳐져 메시아이자 왕이시며, 종이시자 하나님의 아들이신 예수님에 대한 최고의 정확한 그림을 그려내고 있다.

| 제2부 |

하나님에 관한 질문

하나님은 누구신가?

어느 날 야쿠르트 아줌마가 현관문을 열고 들어오다가 미끄러지면서 "아이고! 하느님" 하고 소리쳤다. 그러자 어머니가 "하나님! 믿으슈?" 하고 물었다. "무슨 말씀유?" 이것이 두 분 사이 대화의 끝이지만 신앙생활을 시작할 때의 일이라 많은 생각이 들었다. 아주머니와 나의 하나님은 너무나 달랐기 때문이다. 하나님이 누구신지 아는 것은 하나님의 부름을 받은 그리스도인의 첫 번째 의무다. 자식이 아버지를 알려 하지 않고 외면할 때 불효자가 될 수밖에 없듯이, 하나님을 알지 못하는 그리스도인은 결국 하나님과 무관한 사람이 될 것이 분명하다(사55:8). 그렇다면 하나님은 도대체 어떤 분이신가?

첫째, 하나님은 '창조주'이시다. 천지가 얼마나 거대한지 알고 있는가? 최신 과학 설비를 동원하여 인간이 관측할 수 있는 가장 멀리 있는 별은 200억 광년 거리에 있는 별이라는데, 200억 광년의 거리란, 1초에 30만 킬로미터에 이르는 빛이 200억 년 동안 계속 달려야 겨우 다다를 수 있는 거리란다. 이것은 실제의 '천지' 가운데 지극히 작은 한 부분에 불과할 따름이다. 과연 이 세상 그 누구인들 감히 '천지'를 안다고 장담

할 수 있을까? 마음만 먹으면 못 만들 것 없다는 과학도 인간의 생명인 피를 만들지는 못한다. 하나님은 분석과 연구의 대상이 아니라 처음부터 믿음의 대상이다.

둘째, 하나님은 '부성과 모성을 함께 지니신 분'이다(창1:27). 하나님께서는 당신의 형상을 따라 남자와 여자를 만드셨다. 하나님께서는 인간과 달리, 남자와 여자의 형상을 모두 지니고 계신 분이다. 모성을 지니신 하나님이시기에, 성자 하나님께서는 하찮은 나의 생명을 살리기 위해 당신의 생명 버리기를 조금도 주저치 않으셨다. 하나님의 모성이야말로 인간을 향한 하나님 최대의 선물이요, 은총이다. 부성이 결코 미칠 수 없는 이 모성 때문에 가톨릭은 예수님의 어머니인 마리아를 신격화하여 '성모 마리아'로 섬기는 것이 아닐까?

셋째, 하나님은 '복福 주시는 분'이시다(창1:27~28). 인간을 창조하신 후 먼저 하신 것이 '복' 주시는 것이었다. 사람을 창조하시던 날 즉시 복을 주셨다. 하나님께서 가장 먼저 주기를 주저치 않으셨던 '복'은 한마디로 '피조물에 대한 하나님의 애프터서비스'라 할 수 있다. 값비싼 물건일수록 애프터서비스는 철저하기 마련이다. 피조물인 인간은 창조자이신 하나님의 애프터서비스 없이는 사람답게 살아갈 도리가 없다. 그것 없이는 인간이란 서로를 해치는 흉기가 되어버리기 때문이다.

넷째, 하나님은 '훈련시키시는 분'이시다(창15:13). 이스라엘 민족이 형성되기도 전에 하나님께서 그들을 위하여 예비하신 것은 혹독한 노예 생활이었다. 그 이유는 대체 무엇일까? 하나님께서는 사랑하시는 자녀를 '훈련시키시는 분'이시다. 아무리 능력을 타고난 사람이라도 훈련이 없다면 그 사람의 능력은 감퇴되고 소멸될 수밖에 없다. 훈련받지 않은 사람이 올림픽에서 메달을 땄다는 이야기를 들어본 적이 있는가? 하나님께서 우리를 훈련시키시는 까닭은 우리를 사랑하시기 때문이다. 하나님께서는 우리를 무기력하고 무능한 자로 방치하시지 않고, 우리 모두 하나님의 강하고도 성숙한 그릇들이 되기를 원하신다. 모세가 광야에서 40년이나 고독한 훈련을 받은 것도, 다윗이 사울왕의 칼날을 피해 심지어 미친 시늉까지 해야 할 정도로 가혹한 훈련을 받은 것도 모두 같은 이유에서였다.

다섯째, 하나님은 '전능하신 하나님'이시다(창17:1). 하나님께서 전능하시기에 하나님의 사랑은 인간의 사랑과는 구별된다. 인간은 아무리 자식을 사랑해도 늙어지면 도리어 자식의 부양을 받아야 한다. 하지만 하나님께서는 전능하시기에 하나님의 사랑은 시공을 초월하여 변함이 없으며, 언제나 완전무결한 사랑이다. 이 세상에서 가장 큰 기적이 있다면 나 같은 죄인이 구원받았다는 것이요, 그것은 하나님의 전능성이 이룬 기적 중의 기적이다. 이 세상은 모르지만, 나 자신만은 내가 얼마나 흉측한 삶을 살아왔는지 너무나도 잘 알고 있다. 나는 나의 추악한 과거에 대한 가장 확실한 증인이다. 하나님의 전능하심이 아니었던들, 나는 그 과거로부터 결코 성도가 될 수 없었을 것이다.

여섯째, 하나님은 '예비하시는 하나님'이시다. 어느 날 하나님께서 아브라함을 부르셨다. 그리고 100세에 얻은 그의 아들 이삭을 번제燔祭로 바칠 것을 명령하셨다(창22:1~13). '여호와 이레'란 여호와 하나님께서 준비하고 예비하신다는 의미다. 지금 내 눈에 아무것도 보이지 않는다고 근심하지 마시라. 현재 내 손에 잡힌 것이 없다고 절망하지 마시라.

두려워하지 마시라. 걱정하지 마시라. 하나님의 나라와 그의 의를 먼저 구하시라. 때가 이르면 '여호와 이레' 하나님께서 친히 예비하신 것들을 한 치의 오차도 없이 품에 안겨주실 것이다.

일곱째, 하나님은 '언제나 함께하시는 하나님'이시다(창28:15). 시간과 공간을 초월하는 하나님께서는 영원토록 우리와 함께하신다. 게다가 하나님께서는 전능하시기에, 우리와 함께하시면서도 인간처럼 졸거나 주무시지 않는다. 언제 어디서나 자신과 동행해 주시는 하나님을 믿는 사람만 '범사에 감사' 할 수 있고, "무슨 일을 만나든지 만사형통하리"라고 노래할 수 있다.

여덟째, 하나님은 '져 주시는 하나님'(창32:22~30) '아빠'이시다(막14:36). 하나님께서는 하나님과 씨름하여 승리한 야곱에게 '이스라엘'이란 새 이름을 주셨는데, 하나님과 겨루어 이겼다는 뜻이다. 도대체 인간이 어떻게 전능하신 하나님을 이길 수 있다는 말인가? 해답은 하나님 아버지께서 '져 주셨기' 때문이다. 매일 같은 죄를 반복하는 우리는 전과 수백, 수천범이 아닌가? 어찌 우리 죄를 용서해 주시려 당신의 독생자마저 아끼지 아니하셨는가? 하나님께서 '져 주시는 하나님'이시기 때문이다. 이처럼 좋으신 분이 이 세상 어디에 또 있을 수 있겠나? 아빠라는 호칭 앞에서 아이는 아빠에 대해 모든 권리를 가지지만, 아빠는 아이에 대해 전적인 의무와 책임을 진다. 아빠가 아이와 함께하는 한, 아이는 그 무엇도 걱정하거나 염려할 필요가 없다. 아빠는 져 주지만, 아버지는 져 주지 않는다.

예수, 그는 누구인가?

구약성경은 지중해 연안의 작은 '나라' 이스라엘에 관한 내용이다. 그렇다면 구약성경을 마친 후 신약성경은 어떤 관점을 가지고 읽어야 할까? 신약성경은 한 사람인 '예수님'에 초점을 맞추고 읽어야 한다. 바로 '예수는 과연 누구인가'라는 관점이다.

첫째로, 예수님은 역사의 주인이며 기준이다. 현재 세상의 모든 사람은 싫든 좋든, 동의하든 안 하든 '예수'를 기준으로 생년월일을 정한다. 세계 인류의 보편적인 역사 기록도, B.C.와 A.D.로 구분한다. 이것은 "역사의 주인은 예수다"라고 공언하는 선포이다. 사람은 우주의 중심이다. 그렇다면 '사람 역사의 주인'이라는 말은 '창조주'라는 말이 된다. 그러니까 잘 생각해 보면 "예수 그는 하나님이다"라는 말은 B.C.와 A.D.이다. 다른 말로 하면 "인류 역사의 왕"이라는 말이다. 모든 인류 역사는 왕들의 역사를 중심으로 기록하고 있다. 즉 '왕 중의 왕은 예수'라는 것이다.

둘째로, 예수님 당시 일반인들의 예수님을 보는 관점은 어떠했는가?

표적을 행하는 권능으로 보면 선지자 같다. 그런데 본인은 하나님이라고 말한다. 무시할 수는 없고, 정말 어이없다. 사람인데 하나님이라고 하니까. "원수를 사랑하라. 오른편 뺨을 치면 왼편 뺨도 돌려대라." 이런 윤리를 말할 때면 선지자 같다. 그런데 "나와 아버지는 하나다. 나는 아브라함보다 먼저 있었다. 나를 본 자는 아버지를 본 자다. 나를 믿으면 영원히 목 마르지 않는다. 죽어도 부활한다"라고 할 때는 어떻게 받아들여야 할지 모르겠다. 만약 어떤 사람이 나타나서 "나는 하나님이다. 나는 역사의 주인이다"라고 말을 한다면 우리는 그 사람을 어떻게 생각해야 할까? 귀신 들려 미친 사람이거나, 진짜 하나님이거나일 것이다. 우리는 이것을 가려내야 한다. 이것이 신약을 읽는 관점이어야 한다.

셋째로, 제자들의 관점은 어떠했나? 제자들도 처음부터 예수님을 '하나님'이라고 고백할 수는 없었다. 각각 피눈물 나는 고민 끝에 '예수, 그는 누구인가?'라는 명제를 풀어나갔다. 멀쩡한 정신에 누구 한 사람인들 그게 쉬웠겠나? 처음부터 제자들은 믿음이 좋은 사람이라고 찍어 놓고 출발하면 안 된다. 그들도 우리와 똑같은 사람이다. ① 도마는 막다른 골목에 가서야 주님의 부활을 믿었다. 부활한 주님을 봤다는 제자들의 말을 믿을 수 없었다. 그러나 부활하신 예수님이 눈앞에 나타나자 '헉' 하고 토하듯이 말한다. "나의 주, 나의 하나님"(요20:28)이라고. 더 이상 예수님을 어느 딴 존재라고 말할 수 없었다. ② 예수님의 동생들은 한 집안에서 어렸을 때부터 같이 자란 형제였다. 예수님이 30세쯤 되었을 때부터 선지자로 나섰는데, 사람들이 자기네 형보고 미쳤단다. 왜냐하면 하나님의 아들이라고 하면서 하나님 행세를 한다는 거다. 그래서 집회 장소를 찾아가기도 하고, 빈정대기도 했다. 그러던 동생들이었다. 그런데 동생 야고보와 유다가 남긴 글을 보라. "하나님과 주 예수 그리스도의 종 야고보는 흩어져 있는 열두 지파에게 문안하노라"(약1:1) ③예수님의 오른편, 왼편 하면서 예수 정부가 들어서기를 기대하며 예수님을 쫓던 요한은 어떤가? 죽음을 앞둔 나이에 깊은 숨을 들이마시며 고백하였다. "태초에 말씀이 계셨습니다. 이 말씀이 하나님과 계셨으니 이 말씀이 곧 하나님이십니다. 이 말씀이 육신이 되어 우리 가운데 거하셨는데 독생자의 영광으로 거하셨습니다"(요1:1~3). 신약에서 예수님의 생애를 읽어가다보면 여러 사람을 만난다. 이를 그냥 넘기면 안 된다. 베드로, 마태, 요한, 마리아가 시간이 지나면서 예수님에 대한 시각이 어떻게 바뀌었는가를 관찰하면서 읽으시라. 어떻게 발로 걸어다니는 인간 예수를 하나님이라고 고백할 수 있단 말인가? 생각하면서 추적하시라.

넷째로, 우리들의 관점은 어떠해야 할까? 예수님의 행적을 세밀히 읽으면서 그가 미친 사람인지, 진짜 하나님인지를 결정해야 한다. 만약 그를 하나님이라고 믿지 못하겠거든 그를 정신병자라고 해야 한다. 절대로 4대 성인 중의 한 사람이라거나 위대한 철학자요, 사상가라고 하면 안 된다. 위대한 선생도, 위인도, 철학자도 자기를 하나님이라고 말하지 않는다. 그때 가장 정직한 대답은 '귀신 들려 미친 사람'(요10:20)이라고 하는 것이다. 그러면서 돌을 들어 쳐야 할 것이다(요10:31). 우리에게는 이런 일생일대의 고민이 필요하다. 왜냐하면 우리의 '영생'이 달려 있기 때문이다. "너희가 영생을 얻고자 하여 열심히 성경을 상고하거니와 이 성경이 내게 대하여 증거하는 것이로다"(요5:39)라고 하셨기 때문이다.

신약의 핵심 내용은 '예수, 그는 누구인가?'이다. 설교를 통해서, 성경 교사를 통해서, 다른 사람들이 내린 정의를 단지 '정보'로 입수해서 믿는다면 종이호랑이 같은 예수님을 믿는 것이다. 예수님 자신이 '내가 곧 하나님'이라는 자증적 설교를 하신 적이 있다. 그러자 군중은 두 파로 갈라졌다. "귀신 들렸다" "뭔가 다르다. 믿어 보자"의 갈등이었다(요 10:20~21). 우리도 갈등해야 한다. 예수, 그는 과연 누구이신가? 이 질문을 품고 신약의 복음서를 읽어 내려가야 한다. 이것이 복음서를 읽어내게 하는 열쇠이다.

그리고 구약의 관점과 어떻게 일치되는지를 살펴야 한다. 구약과 신약은 연결되어 있기 때문이다. 예수님께서 성경의 주인공은 예수님 자신이라고 공언한 것은 '하나님 나라의 왕'이라는 말이다. 그런데 세상의 왕들은 어떠했나? 세상의 왕들인 로마 시대의 황제나 헤롯은 힘없는 백성들을 강제로 복종케 하고, 포로로 잡아가고, 피를 흘리게 하고, 노동력을 착취하고, 재물을 빼앗고, 힘으로 군림했다. 그런데 새롭게 오신 왕이신 예수님은 어떤가? 비교해 보라. 종래의 왕들과 같은가? 이 왕이 스스로 종이 되어 목숨을 내놓기까지 하며 백성들을 보호하고 사랑한다는 것은 도대체 무슨 의미인가를 고민해야 한다. 종래의 왕들이 해 온 역사와 비교해 보고 갈등해야 한다. 과연 예수, 그는 누구인가?

예수님은 어떤 분이신가?

믿음 생활은 말씀에 대한 순종으로부터 시작된다. 말씀을 믿지 않으면서 주님을 믿는다고 한다면, 그것은 미신이다. 말씀에 의한 주, 예수님을 믿어야 한다. 그렇다면, 과연 예수님은 어떤 분이신가?

첫째로, 예수님은 '구원자'이시다(마1:16). 그리스도는 헬라어로 '구원자', '구세주'란 뜻이다. 그것은 그분만이 본질적인 죄의 굴레에서 우리를 구원해 내실 수 있기 때문이다(마1:21). 인류 역사상 위대한 성현들은 무수히 많았으나, 오직 타인의 죄를 위하여 자신의 목숨을 버리신 분은 예수님밖에 없다. 예수님께서는 십자가 위에서 자신을 제물 삼아 우리의 죗값을 대신 치러주심으로, 결코 벗어날 수 없는 이 본질적인 죄의 굴레를 끊어주셨다. 예수님만 하나님께서 인정하신 속죄양이다. 누군가가 우리를 향해 "내가 너희 죄를 지고 죽는다"라고 외치며 죽는다 한들, 그가 우리의 구원자가 될 수는 없다(요1:29).

둘째로, 예수님은 '부활자'시다(요11:25). 예수님께서 영원한 부활자가 되셨기에 우리에게 영원한 구원과 생명이 주어졌다. 예수님께서 십자가에서 죗값을 치르고 돌아가셨다고 할지라도 그것으로 모든 것이 끝나 버렸더라면, 예수님의 구원은 고작 이 땅에 국한된 구원에 불과하고 말았을 것이다(요3:16). 예수님께서 영원한 부활이 되셨기에 그분의 말씀은 지금도 살아 있고, 앞으로도 영원히 유효하다. 만약 예수님께서 부활하지 못하셨더라면, 2천 년 전에 지구 반대편에서 죽어 버린 인간의 말을 우리가 믿어야 할 까닭이 없다. 만약 예수님께서 부활하지 못하셨다면, '예수 부활'은 제자들이 입을 맞추어 꾸며낸 거짓말일 수밖에 없다. 그렇다면 그 무식한 어부들이 입을 맞춘 말은 한 달도 못 가 서로 어긋나기 시작했을 것이고, 꾸며낸 그 거짓말은 예루살렘 국경을 넘기도 전에 허물어져 버리고 말았을 것이다.

셋째, 예수님은 '참 인간'이시다(마16:13). 예수님께서는 자신을 '인자' 즉 '사람의 아들'이라고 부르시며, 몇 번씩이나 강조하셨다. 왜 구원자이신 예수님께서 '사람의 아들'이셔야만 하나(히2:18). 만약 예수님께서 사람으로 오시지 않았다면 사람에 대한 공감적 이해를 갖지 못하셨을 것이다. 그러나 예수님께서 육체의 사람으로 오시어 인생의 애환을 몸소 겪으심으로 사람에 대한 공감적 이해를 지니실 수 있었고, 육체를 지닌 우리의 연약함을 온전히 돕는 구원자가 되셨다.

넷째, 예수님은 '참 하나님'으로, '임마누엘'이라 불린다(마1:23). 임마누엘이란 '하나님이 우리와 함께 계시다'는 의미다. 즉, 우리와 함께하시는 하나님이란 뜻으로, 예수님이 곧 하나님이시란 말이다. 예수님께서 임마누엘 하나님이시라는 사실이 우리에게 왜 중요한가? 예수님께서 하나님이시기에 그분의 도우심은 완전하면서도 근본적일 수 있다. 예수님께서 아무리 우리를 공감적으로 이해하신다 해도 그분이 하나님이 아니시면, 그분의 도움은 일시적이요 불완전할 수밖에 없다. 그리고 예수님께서는 하나님이셨으므로, 이 땅에 사람으로 오셨지만 죄 없는 참사람이실 수 있었다. 예수님께서는 여인의 태胎를 통하여 오셨으나 인간의 성을 매개로 삼지는 않으셨다(히4:14~15). 그리스도인은 그리스도를 따르는 사람, 본받는 사람이라는 의미다(마11:28). 왜 예수님을 통해서만 구원을 얻을 수 있다고 할까(요14:6, 행4:12). 이 땅의 인간 중에 구원자, 부활자, 참 인간, 참 하나님이셨던 분은 오직 예수님 한 분밖에 없기 때문이다.

그렇다면 예수님이 처참히 죽은 이유는 무엇인가(출12:21~23)? 출애굽 당시에 양의 피를 문설주와 인방에 발라 두게 하신 하나님께서는 피가 보이는 집을 '뛰어넘으심으로' 그 안에 있는 모든 사람이 구원을 얻게 하셨다. 이스라엘 백성들은 이날을 '유월절逾越節'이라 불렀다. 문자 그대로 하나님의 진노, 하나님의 심판이 '뛰어 넘어갔다'는 의미다. 그래서 유월절을 영어로 'Passover'라고 한다. 하나님의 심판이 어떻게 패스오버하게 되었는가? 하나님께서 문에 발라져 있는 양의 피를 보셨기 때문이다. 다시 말해 양이 죽었기 때문이다. 양이 사람을 대신하여 피를 흘리고 죽었기에 하나님의 심판은 패스오버되었고, 그 결과 사람이 산 것이다(히9:22). 그러나 인간의 죄를 대신하는 제물이 짐승이라 불완전할 수밖에 없었고, 제사장 역시 불완전한 죄인이었다. 그래서 죄를 범할 때마다 양을 잡고 피를 뿌리면서도 본질적인 죄의 굴레에서 자유로울 수 없었다. 그것이 인간을 대신하여 짐승으로 드리는 제사의 한계였다.

마침내 하나님께서는 인간이 본질적인 죄의 굴레에서 벗어날 수 있도록 친히 영원한 제사를 마련해 주셨다. 그것이 십자가이다(히10:10~14).

십자가에서 제물로 돌아가신 예수 그리스도께서는 죽음을 깨뜨리고 영원히 부활하셨기에, 그분이 드린 제사의 효력 또한 영원해졌다. 주님께서 친히 제물 되신 십자가의 제사가 완전한 제사이며 영원한 제사였다. 인간에게 남은 것이 있다면, 인간의 죄를 완전히 그리고 영원히 사하여 주시기 위해 십자가에서 자신을 제물 삼아 영원한 속죄의 제사를 드리신 예수 그리스도를 믿는 것뿐이다(롬3:28). 예수 그리스도를 구원자로 믿어 그분 안에 거할 때 우리는 여전히 불완전하지만, 하나님께서 예수 그리스도의 완전한 의를 보시고 의롭다고 인정해 주시는 것이다.

비록 죄인이라 할지라도 예수 그리스도를 구세주로 믿는 한, 주님께서는 죄 사함의 풍성한 은혜를 베푸신다. 그래서 간음 현장에서 붙들린 간부도 용서받았고, 예수님과 함께 못 박힌 강도도 구원을 얻었으며, 예수님의 대적이었던 사울마저도 의롭다고 인정함을 받아 사도 바울이 되었다. 예수 그리스도께서는 유일한 구원자시요, 영원한 부활이요, 참사람이요, 임마누엘 하나님이시기 때문이다. 그 예수 그리스도께서 십자가에서 우리의 죗값을 대신 치러주심으로 우리의 모든 죄를 머리끝에서 발끝까지 하나도 빠짐없이, 철저하게 온전히, 본질적으로, 영원히 대속해 주시고, 영원한 생명을 주셨다. 예수는 그리스도이시다.

14 왜 예수님을 믿어야 하는가?

신앙생활을 시작할 때 제일 먼저 갖게 되는 질문이 있다. 세상 사람들이 크리스천들에게 묻고 싶은 말이기도 하다. "예수를 꼭 믿어야만 하는 이유가 무엇인가?" 믿음 있는 것도 좋고, 신앙을 가지는 것도 좋지만, 왜 그게 예수를 믿는 것이어야만 하는가 하고 묻는 것이다. 이에 대한 확실한 답을 가지고 신앙생활을 시작해야 한다.

예수님을 믿어야 하는 이유는, 첫째로, 구원을 받기 위해서다. 예수님을 믿음으로써 죄로부터 용서받고 영원한 생명의 구원을 얻을 수 있기 때문이다. 그분을 통해 죽음 이후의 영생을 얻고, 삶의 불안과 염려에서 벗어나 평안을 얻을 수 있기 때문이다. 착하게 사는 것이 인생 목적이라면 다른 종교를 믿어도 된다. 실제로 크리스천보다 더 선하게 사는 사람이 세상에는 많이 있다. 그러나 인생의 목적은 선하게 사는 것이 아니라 구원받는 것이다. 인생의 목적이 구원이기에 예수님을 믿어야 한다. 선하게 살지 말라거나 혹은 그렇게 살지 않아도 된다고 말하는 것이 아니라, 그것이 인생의 목적이 될 수는 없다는 말이다. 성경은 구원에 대해서는 단호하게 말한다. "다른 이로써는 구원을 받을 수 없나니 천하 사람

중에 구원을 받을 만한 다른 이름을 우리에게 주신 일이 없음이라 하였더라"(행4:12).

구원 얻는 길은 여러 길이 아니라 오직 한 길 '예수'뿐이다. 예수님만이 구원 얻을 길이라고 주장하는 것은 지나치게 독선적이라고 말할 수도 있다. 그러나 거꾸로 생각해 보면 하나님께서 예수님을 구원받는 길로 정해두신 것은 독선이나 아집이 아니다. 오히려 우리를 위한 하나님 사랑의 배려다. 복잡하게 생각할 것도 없고 선택의 혼란도 없게 만들어 놓은 하나님의 길이다. 누구를 구원할 것인가에 대하여 하나님이 인간에게 보시는 단 한 가지는 오직 예수님을 믿는 '믿음'이다. 그래서 하나님께 인정받기 쉽고 구원받기 쉽다. 이 길로 들어서면 구원받을 수 있게 해 두신 것이 바로 하나님의 사랑과 배려다. 그러므로 예수님을 믿는 길로 들어서야 한다.

예수님을 믿어야 하는 두 번째 이유는, 전지전능하신 창조주 하나님께서 나를 사랑하시기 때문이다. 세상은 우리를 사랑하지 않는다. 대부분의 사람들은 정신없이 살다가 나이가 들어 은퇴할 때가 되어서야 이런 현실을 알게 된다. 늙어도 끝까지 월급 주고 생명까지 보장해 주는 곳은 세상 그 어디에도 없다. 세상 그 어떤 것도 우리를 끝까지 책임져 주지도 않고 책임져 줄 수 있는 실력과 능력도 없다. 사랑한다는 말은 책임져 준다는 말이고, 끝을 보장해 준다는 말이다. 우리의 인생을 맡길 수 있는 가장 안전한 대상은 두 가지 조건을 갖추어야 한다. 하나는 전지전능해야 한다. 전지전능해야 나의 필요를 모두 채워줄 수 있다. 전지전능하신 하나님과 무능한 인간은 전혀 다른 존재다. 전지전능하신 하나님이 지으신 세상은 뭐가 달라도 다르다. 새가 날다가 서로 부딪혀 추락했다는 말을 들어본 적이 있는가? 물고기가 헤엄치다가 서로 부딪혀서 죽었다는 말은 들어보았는가? 그러나 인간이 만든 자동차와 비행기는 수시로 부딪힌다. 예수님은 완전하고 전지전능하신 분이다. 또 한 가지 조건은 그 전지전능한 분이 나를 사랑해야 한다는 것이다. 나를 사랑해야 나의 필요를 채워줄 수 있다. 전지전능하며 우리를 사랑하는 분은 세상에 한 분밖에 없다. 그분이 바로 예수님이다. 그래서 그분을 믿어야 한다. 예수님도 단호하게 말씀한다. "예수께서 이르시되 내가 곧 길이요 진리요 생명이니 나로 말미암지 않고는 아버지께로 올 자가 없느니라"(요14:6).

세 번째 이유는, 예수님의 가르침에 따라 진정한 가치관과 삶의 방향을 발견하기 위해서다. 그래야 행복해지기 때문이다. 예수님의 말씀은 인생의 가치관과 기준이 되어 복잡한 세상 속에서 명확한 삶의 방향을 제시하고 올바른 길을 가도록 인도한다. 예수님은 인간을 구원하시고, 죽음의 권세를 이기셨다. 믿는 자들에게 새로운 생명을 주시고, 하나님과의 관계를 통해 참된 자유와 기쁨을 주시는 분이다. 행복은 만족이며, 꽉 채운다는 의미다. 돈과 명예를 소유한 사람은 순간적으로 행복할 수 있다. 그러나 소유만으로 끝까지 행복한 사람은 없다. 큰 집에 산다고, 많은 땅을 가졌다고, 좋은 자동차를 탄다고 해서 계속 행복하다고 말하는 사람이 있는가? 사람이 얼마만큼의 돈을 가지면 부자라고 생각할 수 있을까? 더 이상 돈이 필요 없다고 말하는 사람은 거의 없다. 말은 그렇게 할지 모르지만, 행동을 보면 전혀 그렇지 않다. 그러므로 돈으로 만족에 이를 수는 없다. 오직 스스로 만족하는 자족의 영성을 가져야만 행복하다. 자족의 영성을 가지려면 두 가지 믿음이 있어야 한다. 하나는 하나님이 나의 필요를 아시는 분이시며, 또 하나는 하나님께서 나에게 필요한 것을 이미 주셨다는 믿음이다. 바로 그것이 예수님이다. 하나님은 예수님 안에서 나에게 필요한 모든 것을 주신다. 하나님은 예수님을 믿는 사람에게 나머지 모든 것들도 주신다. "자기 아들을 아끼지 아니하시고 우리 모든 사람을 위하여 내주신 이가 어찌 그 아들과 함께 모든 것을 우리에게 주시지 아니하겠느냐"(롬8:32).

마지막으로 영적인 평안과 자유를 위해서다. 전능하신 하나님이 아버지라는 믿음에서 오는 평안을 얻고, 예수님 안에 있는 진리를 통해 삶의 불안을 해결하며 자유로워질 수 있다. 예수님은 죽음의 권세를 이기시고 부활하심으로, 죽음이 끝이 아니라 영생으로 가는 시작임을 보여주셨다. 우리는 예수님을 통해 거룩하신 하나님을 아빠 아버지라 부르며 친밀한 관계를 맺고, 그분의 임재 안에서 살아갈 수 있다. 믿음은 보이지 않는 것의 증거이자 바라는 것의 실상으로, 예수님을 믿고 경험하면서 그 증거들을 발견하게 된다.

15 예수 그리스도의 피는 무엇을 의미하나?

    예수 그리스도의 피는 십자가에서 흘리신 실제 피를 넘어, 인류의 죄를 대속하고 영원한 생명과 구원을 주시는 상징이다. '보혈寶血'이라 불리며 새 언약을 세우는 '언약의 피'이다. 죽은 행실에서 양심을 깨끗하게 하는 '능력의 피'를 뜻한다. 이는 구약의 불완전한 동물 피 제사를 단번에 완성하여, 믿는 자들에게 죄 사함과 의롭게 됨, 그리고 영생을 주시는 구원의 근거가 된다. 예수님의 피는 단순히 육체적 피가 아니다. 인류의 죄 문제를 해결하고 하나님과의 관계를 회복시켜 영생을 얻게 하는 기독교 신앙의 핵심적인 보혈이다.

    예수님의 보혈은 죄 많은 인류를 대신하여 흘린 피로, 모든 죄를 씻어주고 의롭게 만든다. 최후의 만찬에서 포도주를 "내 피로 세운 새 언약"이라 하심으로써 믿는 자들과 하나님 사이에 새로운 관계를 맺게 하셨다. 예수님의 피를 믿는 자에게는 영생과 구원이 주어지며, 죽은 행실을 깨끗하게 한다. 반복되어야 했던 구약의 동물 피 제사와 달리, 단번에 드려진 완전하고 영원한 희생이다. 땀이 피가 될 정도로 극심한 고뇌 속에서 흘린 피를 의미하기도 한다. 예수님의 살과 피를 먹고 마시는 것은,

그분의 죽으심에 동참하여 옛사람을 십자가에 못 박고 새 생명을 얻는 영적인 의미가 있다.

"그리스도의 피"라는 구절은 신약에서 여러 번 사용되고 있으며, 우리를 위한 예수님의 희생적인 죽음과 완전한 속죄 사역을 표현한다. 구세주의 피라고 하는 것은 문자 그대로 예수님께서 십자가 위에서 피를 흘리셨다는 말이다. 그러나 더 중요한 것은 예수님께서 죄인들을 위해 피를 흘리셨고 죽으셨다는 사실이다. 그리스도의 피는 여러 세대를 거쳐 무수한 사람들에 의해 저질러진 무수한 죄를 속죄할 수 있는 능력이 있으며, 그 피를 믿는 자는 모두 구원을 받게 된다.

그리스도의 피가 죄를 사하는 속죄 수단이라는 사실은 모세 율법에 근거하고 있다. 일 년에 한 번, 제사장은 사람들의 죄로 인해 성전 제단에 동물들의 피를 뿌려야 했다. "율법을 따라 거의 모든 물건이 피로써 정결하게 되나니 피 흘림이 없은즉 사함이 없느니라"(히9:22). 그러나 이는 그 효과에 있어서 한계가 있는 피 흘림이었기에 반복해서 드려야 했다. 이는 예수님께서 십자가 위에서 '단번에' 드리신 희생의 전조였다(히7:27). 예수님의 희생이 드려진 후 더 이상 황소나 염소의 피는 필요 없게 되었다.

그리스도의 피는 새 언약의 근거다. 예수님께서는 십자가를 지시기 전날 밤 제자들에게 포도주잔을 건네시며 "이 잔은 내 피로 세우는 새 언약이니 곧 너희를 위하여 붓는 것"이라고 말씀하셨다(눅22:20). 포도주는 예수님을 믿게 될 모든 자들을 위해 흘릴 그리스도의 피를 상징하는 것이다. 예수님께서 십자가 위에서 피를 흘리셨을 때, 동물들을 지속적으로 희생시켜야 했던 옛 언약의 요구는 폐해졌다. 동물들의 피는 임시방편이었을 뿐, 사람들의 죄를 덮기에는 충분하지 않았다. 왜냐하면 거룩하시고 무한하신 하나님께 대항하여 지은 죄는 거룩하고 무한한 희생을 요구하기 때문이다. "그러나 이 제사들에는 해마다 죄를 기억하게 하는 것이 있나니 이는 황소와 염소의 피가 능히 죄를 없이 하지 못함이라"(히10:3~4). 황소와 염소의 피는 죄를 "기억하게 하는 것"이었던 반면, "오직 흠 없고 점 없는 어린 양 같은 그리스도의 보배로운 피"(벧전1:19)는 우리가 하나님께 진 죄의 빚을 완전히 갚았다. 그래서 우리는 죄로 인해 더 이상의 희생 제물을 드릴 필요가 없게 되었다. 예수님은 돌아가시면서 "다 이루었다"고 말씀하셨는데, 그것은 우리를 위해 "영원한 속죄를 이루신"(히9:12) 완전한 구속 사역이 영원히 마무리되었다는 것을 의미하는 것이었다.

그리스도의 피는 믿는 자들을 죄와 영원한 형벌에서 구원할 뿐만 아니라, "믿는 자들의 양심을 죽은 행실에서 깨끗하게 하고 살아계신 하나님을 섬기게" 한다(히9:14). 이는 우리가 구원을 얻는 데 "아무 쓸모 없는" 희생 제물을 드리지 않아도 될 뿐만 아니라, 하나님을 기쁘시게 하려고 가치 없고 비생산적인 육신의 일에 의지하지 않아도 된다는 것을 의미한다. 그리스도의 피가 우리를 구속하셨으므로 우리는 이제 그리스도 안에서 새로운 피조물이며(고후5:17), 그리스도의 피로 말미암아 우리는 죄로부터 자유롭게 되어 살아계신 하나님을 섬기고, 하나님을 영화롭게 하며, 영원히 하나님과 함께할 수 있다.

예수님의 보혈은 십자가에서 예수님이 인류의 죄를 대신하여 흘리신 피로, 기독교에서 죄 사함과 구원, 영적 승리의 능력을 상징한다. 모든 악과 죄를 씻고 우리를 하나님과 화목하게 하는 핵심적인 은혜를 뜻한다. 이 보혈의 능력으로 우리는 죄로부터 자유를 얻고 마귀의 참소를 이기며, 하나님의 보호하심과 치유를 경험할 수 있다. 죄의 삯은 사망이지만, 죄 없으신 예수님의 피로 우리의 모든 죄가 용서받고 깨끗해졌다(히9:22). 예수님의 보혈은 하나님과 우리 사이의 언약을 이루어, 우리를 죄로부터 구원하고 하나님과 화목하게 하는 길을 열었다(롬5:9). 보혈의 능력으로 악한 사탄과 귀신을 이기고, 영적 전투에서 승리할 힘을 얻게 하였다(계12:11). 예수님의 십자가 보혈을 의지하면 육체적, 영적 치유와 회복을 경험할 수 있다. 그러므로 예수 그리스도의 십자가와 그의 보혈을 믿음으로 받아들이는 것이 중요하다.

16 예수 그리스도의 부활은 역사적 사실인가?

먼저 예수 그리스도 부활의 의미를 살펴보자. 예수님의 부활은 죄와 죽음의 권세 극복, 하나님의 능력 증명, 구원과 영생의 보증, 그리고 믿는 자들의 새로운 삶의 근거이다. 이는 예수님이 하나님의 아들이시며 메시아임을 증명하고, 우리에게도 영원한 생명과 부활의 소망을 주며, 죄로부터 자유롭게 하는 능력의 사건으로 기독교 신앙의 핵심이다. 예수님의 십자가 죽음이 인류의 죄를 대속했음을 확증하고, 죽음 자체를 이겼음을 선포한다. 이는 인간의 죄와 죽음의 결과로부터의 해방을 말한다. 예수님이 하나님의 아들이며 메시아임을 입증하고, 생명과 죽음에 대한 하나님의 절대적인 주권을 나타낸다.

예수님의 부활은 그를 믿는 모든 자들도 장차 부활하여 영원한 생명을 얻을 것이라는 확실한 약속이자 보증이 된다. 부활의 첫 열매가 되신 예수님처럼 우리도 부활할 것을 증명한다. 부활 신앙은 막연한 기다림이 아니라 이미 부활한 자처럼 죄와 세상의 유혹을 이기고, 거룩하고 새로운 삶을 살아가야 함을 강조한다. 부활하신 예수님이 오늘도 믿는 자들과 함께하시며, 우리에게 위로와 용기, 힘을 주신다는 살아 있는 신앙의 증거다. 죽은 육체가 썩지 않고 영광스러운 '영의 몸', '부활의 몸'으로 변화될 것을 보여주며, 이는 하나님 나라에서 영원히 살기에 합당한 몸이다.

그렇다면 이러한 예수 그리스도의 부활은 역사적 사실인가? 성경은 예수 그리스도가 실제로 죽은 자 가운데서 부활하셨다는 결정적 증거를 제시한다. 그리스도의 부활은 성경의 여러 곳(마28:1~20, 막16:1~20, 눅24:1~53, 요20:1, 21:25)에 기록되어 있다. 또한 부활하신 그리스도는 사도행전(행1:1~11)에도 등장하신다. 이러한 구절들로부터 그리스도 부활에 대한 여러 '증거들'을 얻을 수 있다. 첫 번째 증거는 제자들의 극적인 변화다. 그들은 겁을 먹은 채 숨어 지내던 한 무리의 남성들에서 온 세상을 다니며 복음을 전하는 강하고 용감한 증인들로 변화했다. 그들에게 나타나신 부활하신 그리스도 외에 그 무엇이 이런 극적인 변화를 설명할 수 있겠는가?

두 번째 증거는 사도 바울의 삶이다. 무엇이 그로 하여금 교회의 박해자에서 교회를 위한 사도로 변화시켰을까? 다메섹으로 가는 길에 부활하신 그리스도가 그에게 나타나셨을 때 그러한 변화가 일어났다(행9:1~6). 세 번째 확실한 증거는 빈 무덤이다. 만일 그리스도께서 부활하지 않으셨다면 그분의 몸은 어디에 있는가? 제자들과 다른 사람들은 그분이 묻혔던 무덤을 보았다. 그들이 돌아왔을 때 그분의 몸은 거기에 없었다. 천사들은 그리스도께서 약속하신 대로 죽음에서 부활하셨다고 선포하였다(마28:5~7). 네 번째는 그리스도 부활의 추가적 증거로, 부활의 주님을 직접 목격한 수많은 사람이다(마28:5, 9, 16~17, 막16:9, 눅24:13~35, 요20:19, 24, 26~29, 21:1~14, 행1:6~8, 고전15:5~7).

예수님 부활의 또 다른 증거는 사도들이 예수님의 부활에 두었던 엄청난 비중이다. 그리스도 부활에 대한 핵심 구절은 고린도전서 15장이다. 여기에서 그리스도 부활을 이해하고 믿는 것이 왜 중대한 일인지를 설명한다. 첫째, 만일 그리스도께서 죽은 자 가운데서 다시 살아나지 않으셨다면 믿는 자들도 역시 다시 살아나지 못할 것이다(고전15:12~15). 둘째, 만일 그리스도께서 부활하지 않으셨다면 죄에 대한 그분의 희생이 충분하지 않은 것이 된다(고전15:16~19). 예수님의 부활은 하나님께서 그분의 죽음을 우리의 죄에 대한 속죄물로 받으셨다는 사실을 입증한다. 만일 그리스도께서 단지 죽어서 죽음에 머무셨다면 이는 그분의 희생이 충분하지 않았다는 것을 의미한다. 그랬다면 믿는 자들의 죄는 용서받지 못하고 그들은 죽음 후에도 죽은 상태에 머물게 될 것이다(고전15:16~19). "그러나 이제 그리스도께서 죽은 자 가운데서 다시 살아 잠자는 자들의 첫 열매가 되셨도다"(고전15:20).

성경은 예수 그리스도를 믿는 모든 사람은 그분처럼 부활하여 영생을 누릴 것을 분명하게 한다(고전15:20). 고린도전서 15장은 계속해서 어떻게 그리스도의 부활이 죄에 대한 그분의 승리를 증명하고 또한 죄에 대해 승리하는 삶을 사는 힘을 우리에게 제공하는지를 설명한다(고전15:24). 부활한 몸의 영광스러운 속성도 묘사한다(고전15:35). 예수 그리스도 부활의 결과로 그를 믿는 모든 사람이 사망을 이기는 최후의 승리를 얻게 될 것을 선포한다(고전15:50~58). 그리스도의 부활은 참으로 영광스러운 진리이다. "그러므로 내 사랑하는 형제들아 견고하며 흔들리지 말며 항상 주의 일에 더욱 힘쓰는 자들이 되라 이는 너희 수고가 주 안에서 헛되지 않은 줄을 앎이니라"(고전15:58). 성경에 따르면, 예수 그리스도의 부활은 가장 확실한 사실이다. 성경은 500명 이상이 그리스도

의 부활을 목격하였다고 기록하고 있으며, 예수님 부활의 역사적인 사실
이 중대한 기독교 교리를 구축한다.

결론적으로, 예수 부활의 증거는 빈 무덤, 수백 명의 목격자 증언, 두
려움에서 담대함으로 순교로 이어지는 제자들의 삶과 성격 변화, 초대교
회의 급격한 성장과 바울의 변화 등이 제시된다. 이는 신약의 빠른 기록
과 유대 로마 당국이 시신을 제시하지 못한 점 등 역사적, 사회학적 증거
로 뒷받침된다. 봉인된 돌무덤이 열려 있었고 시신이 없었다는 사실은
부활의 첫 증거로 제시된다. 무덤을 지키던 로마 군병들이 공식 보고했
고, 시신을 도난당했다는 이들의 보고가 없는 것도 증거다. 신약의 복음
서가 예수님 사후 불과 100년 이내에 기록되어 전설이나 신화가 형성될
시간적 여유가 없었다는 점도 강조된다. 이러한 증거들은 역사적, 사회
학적 관점에서 예수 부활의 역사적 신뢰성을 뒷받침하는 근거가 된다.

17 예수님은 공생애에 무슨 일을 하셨나?

예수님의 공생애는 약 3년간의 공적 활동을 말한다. 예수님은 하나님 나라를 선포하고, 12명의 제자를 부르고 훈련시키시며, 모든 병을 고치고 귀신을 쫓아내는 등 수많은 이적을 행하셨다. 십자가 수난과 부활을 통해 인류 구원의 길을 여신 사역이다. 주요 사역의 내용은 가르침, 전도, 병 고침, 제자 훈련이며, 이는 회개와 하나님 나라 임박을 알리는 메시지와 함께 이루어졌다.

예수님이 공생애를 시작하기 전에 세례 요한의 길을 예비하심이 먼저 있었다. 요한에게는 구원자의 길을 예비하는 선지자로서 '위기와 기회'가 있었다. 예수님께서 말씀하셨다. "내가 진실로 너희에게 말하노니 여자가 낳은 자 중에 세례 요한보다 큰 이가 일어남이 없도다 그러나 천국에서는 극히 작은 자라도 그보다 크니라"(마11:11). 세례 요한은 예수님에게 사역을 잘 넘기면 큰 자로서, 구약의 마지막 선지자가 된다. 그러나 잘못하면, 위기에서 물러나지 않고 버티면 '적그리스도'가 된다. 많은 사람과 제자는 요한을 우위로 인정한다. 주기도문도 요한 때문에 가르치게 된다. "예수께서 한 곳에서 기도하시고 마치시매 제자 중 하나가 여짜

오되 주여 요한이 자기 제자들에게 기도를 가르친 것과 같이 우리에게도 가르쳐 주옵소서"(눅11:1).

요한은 사명감과 충성심에 의한 겸손한 선지자였다. 매사에 하나님을 인정한다. "요한이 대답하여 이르되 만일 하늘에서 주신 바 아니면 사람이 아무것도 받을 수 없느니라"(요3:27). 그리고 제2인자가 될 수 있다는 자세를 견지했다. "내가 말한 바 나는 그리스도가 아니요 그의 앞에 보내심을 받은 자라고 한 것을 증언할 자는 너희니라"(요3:28). 주인공을 위해 조용히 물러나는 겸손한 자세를 취한다. "그는 흥하여야 하겠고 나는 쇠하여야 하리라 하니라"(요3:30)고 외쳤다.

예수님 공생애의 핵심 내용은 하나님 나라의 회복을 위한 교육과 선교, 치유 사역이다. 첫째로 세례를 받으신다. 예수님은 세례 요한에게 세례를 받으신 후, 성령에 이끌려 광야에서 40일 금식하며 마귀의 시험을 이기셨다. 주의 길을 예비했던 세례 요한에게서 사역을 넘겨받는 세례는 이방인이 유대교에 입교할 때, 과거의 죄를 씻기 위해 하는 예식이다. 옛 세네파는 외출 후에 죄악을 씻어낸다는 뜻으로 세례를 베풀었고, 요한의 세례는 다시 한 번 영적 유대인으로 태어나라는 회개의 세례였다. 그러나 죄 없으신 예수님의 세례는 하늘이 열리는 장엄한 왕의 대관식이었다. "예수께서 대답하여 이르시되 이제 허락하라 우리가 이같이 하여 모든 의를 이루는 것이 합당하니라 하시니 이에 요한이 허락하는지라"(마3:15). 또한 모든 인간의 의를 전가받은 것으로, 하나님과 바른 관계를 이루는 의를 이루기 위해서다. 사역의 인수인계로, 즉 구약과 신약의 사역을 연결하는 세례다.

둘째로, 금식 기도를 하셨다. 기도와 시험 속에서 구세주로서 자신이 할 일을 하신다. 예수님은 둘째 아담으로 첫 아담의 패배를 승리로 바꾸실 분이다. 영광의 길보다는 고난의 길을 통해서 하나님의 아들로 인정되셔야 인간을 구원으로 이끄신다. 마귀의 시험 과목은 창조 시나 예수님 때나 같다. 첫 아담에게는 먹음직(육신의 정욕), 보암직(안목의 정욕), 지혜롭게 할 만큼 탐스럽기도(이생의 자랑) 한 유혹이었다(요일2:16). 둘째 아담인 예수님께는 돌이 떡이 되게 하라, 뛰어내리라 천사가 받아줄 것이라, 내게 절하면 모든 것을 주겠다고 유혹한다(마4:3~10). 하나님은 우리의 기도를 들으시고 우리를 위해 무엇인가를 해주시는 것이 아니라 스스로 할 수 있도록 도와주시는 분이다. 기도는 상황을 바꾸는 것이 아니라 사람을 바꾼다. 기도는 도피가 아니라 정복이다. 기도는 말하는 것이 아니라 듣는 것이다. 기도는 내 뜻을 하나님께 알리고 그것을 이루기 위해 하나님의 능력을 끌어들이기 위함이 아니다. 하나님의 뜻을 알아 그분의 뜻에 순종할 수 있도록 해달라는 것이어야 한다.

셋째로, 초기 사역으로 직접 가르치시고, 선포하시고, 고치시며 사람들을 회복시키셨다. 예수님의 초기 사역은 제자를 택하여 세우시고, 제자들과 함께 인간을 회복시키기 위한 교육, 선교, 치유 사역을 감당하신 것이다. 교육과 선교의 내용은 이러하다. "천국은 어떤 곳이며, 하나님은 누구신가?"

넷째로, 후기 사역으로 제자들을 훈련시키고 수난을 예고하며 십자가를 준비하신다. 후기 사역은 열두 제자 파송 때부터(마 11장, 눅 9장 이후) 수난을 예고하신다. 1차는 가이사랴 빌립보에서, 2차는 가버나움에서, 3차는 예루살렘 동편에서, 예루살렘에 올라가서 십자가에서 죽고 사흘 만에 부활하겠다고 하신다(마16:20~22).

　다섯째로, 말기 사역이다. 점차 '죽으려고 애쓰셨다'. 민중의 교사로 존경받던 바리새인에게 '화 있을진저'라고 정죄하신다. 있을 수 있는 말인가? "화 있을진저 외식하는 서기관들과 바리새인들이여 너희는 교인 한 사람을 얻기 위하여…. 너희보다 배나 더 지옥 자식이 되게 하는도다"(마23:15), "독사의 새끼들아 너희가 어떻게 지옥의 판결을 피하겠느냐"(마23:33)라고 하신다. '성전 정화' 사건도 그 당시 상황으로 본다면 '성전 난동'에 해당한다. "노끈으로 채찍을 만드사 양이나 소를 다 성전에서 내쫓으시고 돈 바꾸는 사람들의 돈을 쏟으시며 상을 엎으시고, 비둘기 파는 사람들에게 이르시되 이것을 여기서 가져가라 내 아버지의 집으로 장사하는 집을 만들지 말라 하시니"(요2:15~16)라고 하신다. 게다가 '성전을 헐라'고 하셨다. 이것은 예수님이 죽으려고 애쓰신 것이다. 그 당시 성전을 헌다는 것은 있을 수 없는, 공회에 도전하는 말이다. "예수께서 대답하여 이르시되 너희가 이 성전을 헐라 내가 사흘 동안에 일으키리라"(요2:19)라고 하셨다.

예수님이 고난을 받으신 이유는 무엇인가?

예수님의 고난은 모든 인류의 죄를 대속하고 구원하기 위해서다. 이는 죄의 정죄를 제거하고 영생을 주기 위한 하나님 사랑의 계획이었다. 하나님을 미워하고 불경건한 인간의 죄성을 드러내는 동시에, 사탄의 증오와 인간의 잔인함까지 보여주는 십자가 희생을 통해 구속자로서의 사명을 완수하기 위함이었다. 예수님의 고난은 인류 구원을 위해 인간의 몸으로 오셔서 겪으신 겟세마네 동산의 기도, 체포, 재판, 채찍질, 침 뱉음, 가시관, 십자가 짐과 십자가 처형, 그리고 아버지 하나님께 버림받는 영적 고통을 포함하는 수난의 전 과정을 말하며, 이는 죄와 사망에서 인류를 구원하기 위한 희생적인 사랑의 표현이다.

예수님은 재판과 고문, 십자가를 통하여 가혹하게 고난받으셨다. 그분의 고통은 육체적이고(사52:14), 정신적인 것(마26:56)이며, 영적인 것(고후5:21)이었다. 예수님은 온 세상의 무거운 죄의 짐을 홀로 다 지셨다(요일2:2). 예수님은 그 죄 짐으로 인하여 "나의 하나님, 나의 하나님, 어찌하여 나를 버리셨나이까"(마27:46)라고 절규하셨다. 예수님의 가혹한 육체적 고통은 우리의 죄악을 담당하고 그 값을 치르기 위해 죽으심으로 더욱 가중되었다(롬5:8).

이사야는 예수님의 고난을 예언했다. "그는 멸시를 받아 사람들에게 버림 받았으며 간고를 많이 겪었으며 질고를 아는 자라 마치 사람들이 그에게서 얼굴을 가리는 것같이 멸시를 당하였고 우리도 그를 귀히 여기지 아니하였도다. …그가 찔림은 우리의 허물 때문이요 그가 상함은 우리의 죄악 때문이라. 그가 징계를 받으므로 우리는 평화를 누리고 그가 채찍에 맞으므로 우리는 나음을 받았도다"(사53:3, 5). 이 구절은 예수님의 고난 이유를 밝히고 있다. "우리의 허물 때문이요." 우리의 나음과 우리의 평화를 위해서다. 예수님은 제자들에게 자신의 고난은 확정된 것이라고 말씀하셨다. "이르시되 인자가 많은 고난을 받고 장로들과 대제사장들과 서기관들에게 버린 바 되어 죽임을 당하고 제삼일에 살아나야 하리라"(눅9:22, 17:25). 고난을 받아야 하고, 죽임을 당해야 한다. 그리스도의 고난은 세상을 구원하기 위한 하나님의 계획이었다.

시편 22:14~18은 메시아의 고난을 묘사하고 있다. "나는 물같이 쏟아졌으며 내 모든 뼈는 어그러졌으며 내 마음은 밀랍 같아서 내 속에서 녹았으며, 내 힘이 말라 질그릇 조각 같고 내 혀가 입천장에 붙었나이다 주께서 또 나를 죽음의 진토 속에 두셨나이다 개들이 나를 에워쌌으며 악한 무리가 나를 둘러 내 수족을 찔렀나이다 내가 내 모든 뼈를 셀 수 있나이다 그들이 나를 주목하여 보고 내 겉옷을 나누며 속옷을 제비 뽑나이다." 이 예언과 더불어 다른 많은 예언이 성취되기 위하여 예수님은 고통당하셔야 했다.

예수님은 왜 그렇게 심하게 고통당하셔야 했을까? 죄인을 위해 죄 없는 자가 죽어야 하는 원칙은 이미 에덴동산에서 세워졌다. 아담과 하와는 그들의 수치를 가리기 위하여 동물의 가죽으로 만든 옷을 받았다(창 3:21). 예수님은 "세상 죄를 지고 가는 하나님의 어린 양"(요1:29)이셨고, 고난은 희생 제사의 일부이기 때문에 예수님은 고통당하셔야 했다. 예수님의 육신적인 고난은 우리의 죄의 값을 치르기 위한 중요한 부분이었다. 우리는 "흠 없고 점 없는 어린 양 같은 그리스도의 보배로운 피로"(벧전1:19) 구속을 얻었다. 예수님의 십자가 위에서의 고난은, 죄의 파괴적인 성격, 하나님의 진노, 인간의 잔인함, 사탄의 증오 등을 보여주었다. 인자人子가 인류의 구속자가 되기 위하여, 갈보리에서 인간은 가장 잔인한 일을 인자에게 가하도록 허락된 것이다. 사탄은 그가 위대한 승리를 이루었다고 생각했을 수 있겠지만, 인자는 오히려 십자가를 통하여 사탄과 죄와 죽음을 이겨내셨다. "이제 이 세상에 대한 심판이 이르렀으니 이 세상의 임금이 쫓겨나리라"(요12:31, 골2:15).

예수님은 모든 믿는 자들의 구원을 보장하기 위하여 고난받으시고 죽으셨다. 예수님께서 잡히시던 날 겟세마네 동산에서 기도하실 때, 그분은 자신의 모든 것을 맡기셨다. "아버지여 만일 아버지의 뜻이거든 이 잔을 내게서 옮기시옵소서 그러나 내 원대로 마시옵고 아버지의 원대로 되기를 원하나이다"(눅22:42). 고난의 잔은 그리스도에게서 옮겨지지 않았고, 예수님은 우리 인류를 위하여 그 잔을 마셨다. 우리가 구원받을 수 있는 다른 길은 없었다.

고난의 주요 이유는 첫째, 모든 인간이 지은 죄 짐을 대신 지고 십자가에서 죽음으로써 죄의 정죄에서 벗어나게 하고, 영생을 얻게 하려는 것이다. 둘째, 하나님이신 예수님이 인간의 몸으로 오셔서 고난받고 죽으신 '성육신'과 '수난'을 통해 구원자의 역할을 담당하셨다. 셋째, 인간의 죄를 심판하는 하나님의 공의와 그들을 구원하려는 하나님의 사랑이 십자가에서 만났다. 넷째, 예수님의 고난은 하나님을 미워하고 불경건하며 우상숭배하려는 인간의 본성과 사탄의 증오를 극명하게 드러내는 계기가 되었다. 다섯째, 죄 사함을 받은 인류를 천국으로 인도하고 생명을 얻도록 하는 과정이었다. 예수님의 고난은 단순히 아픔을 겪는 것이 아니라, 인류를 죄와 죽음으로부터 해방, 하나님과의 관계를 회복시키고 영원한 생명을 주는 구속사적인 의미의 사건이다.

예수님이 하나님의 아들이라는 말은 무슨 뜻인가?

예수님이 하나님의 아들이라는 말은 단순히 혈연관계가 아니라, 예수님이 하나님과 동일한 본질이라는 의미다. 또한 창조주 하나님의 독생자로서 하나님과 본질상 동등하며, 인류의 구원자이심을 의미한다. 이는 예수님이 성령으로 잉태되어 오셨음을 뜻한다. 하늘의 영광스러운 존재로서 하나님과 함께 계셨음을 나타내는 말이다. "천사가 대답하여 가로되 성령이 네게 임하시고 지극히 높으신 이의 능력이 너를 덮으시리니 이러므로 나실 바 거룩한 자는 하나님의 아들이라 일컬으리라"(눅1:35).

예수님은 하나님과 본질적으로 같고, 하나님이 인간의 모습으로 나타나신 존재이다. 모든 인류의 창조주이신 하나님의 유일한 영적 아들이시며, 하나님 품속에 계신 독생자라는 의미다. 모든 만물의 창조주가 하나님이시고, 예수님은 그 창조에 참여하신 '말씀'으로, 이 땅에 오셔서 메시아 역할을 하셨음을 뜻한다.

예수님이 하나님의 아들이라는 증거는 성령의 증거, 세례 요한의 증언, 예수님의 기적, 그리고 예수님 자신의 주장과 성경의 예언 성취 등에서 제시된다. 이는 성령이 주시는 내면의 확신과 함께 예수 그리스도의 신성神性과 인성人性을 증명한다. 성령이 임하심과 성령을 통한 확신이 예수님이 하나님의 아들이심을 증거한다(요일5:1~21). 세례 요한이 예수님을 "하나님의 어린 양"으로 증언하며, 성령이 비둘기같이 내려오는 것을 보고 증명했다. 물로 포도주를 만드시고 병자를 고치시는 등 초자연적인 능력은 그분이 하나님의 권능을 가진 아들이심을 보여준다.

예수님은 자신이 아버지와 하나이며, 자신을 믿는 자에게 영생을 주시는 하나님이심을 직접 말씀하셨다. "나와 아버지는 하나이니라 하신대"(요10:30). "예수께서 가라사대 빌립아 내가 이렇게 오래 너희와 함께 있으되 네가 나를 알지 못하느냐 나를 본 자는 아버지를 보았거늘 어찌하여 아버지를 보이라 하느냐"(요14:9). 구약에 예언된 메시아가 바로 예수님이며, 그분이 하나님의 아들이라는 예언이 성취되었음을 강조한다. 예수님은 사람들의 아버지와 아들의 의미로 하나님의 아들이 아니다. 하나님은 결혼하셔서 아들을 두신 것이 아니다. 하나님께서 마리아와 함께 아들을 나으신 것이 아니다. 예수님께서는 하나님 자신이 인간의 형상으로 나타나셨다는 의미에서 하나님의 아들이시다. 예수님께서는 성령에 의해 마리아에게 잉태된 하나님의 아들이시다.

예수님께서 유대 지도자들 앞에서 재판을 받으시는 동안, 대제사장이 요구하며 말했다. "내가 너로 살아계신 하나님께 맹세하게 하노니 네가 하나님의 아들 그리스도인지 우리에게 말하라"(마26:63). 이때 예수님께서는 "네가 말한 대로 그러하다"고 답하셨다. 또한 "그러나 내가 너희에게 이르노니 이후에 인자가 권능의 우편에 앉아 있는 것과 하늘 구름을 타고 오는 것을 너희가 보리라"(마26:64)고 하셨다. 그러자 유대

지도자들은 예수님이 신성모독죄를 지었다고 주장하며 고소하였다(마 26:65~66). 후에 그들은 본디오 빌라도 앞에서 주장한다. "우리에게 법이 있으니 그 법대로 하면 그가 당연히 죽을 것은 그가 자기를 하나님의 아들이라 함이니이다"(요19:7). 왜 예수님께서 자신을 하나님의 아들이라고 주장하신 것이 신성모독죄로 여겨지며 또한 사형 선고를 받아야만 하는 것일까?

유대 지도자들은 예수님께서 '하나님의 아들'이란 어구가 무엇을 뜻하는지 정확하게 이해했다. '하나님의 아들이라는 것은 하나님과 같은 본질'이라는 뜻이다. 하나님의 아들은 '하나님의' 아들로서 본질이 같다. 따라서 예수님께서 자신을 하나님이라고 주장하셨기에 유대 지도자들은 이를 '신성모독'죄로 본 것이다. 그래서 그들은 레위기 24장 15절을 따라 예수님의 죽음을 요구하였다. 히브리서 1장 3절은 바로 이 사실을 분명하게 표현한다. "이(그 아들)는 하나님의 영광의 광채시요 그 본체의 형상이시라".

또 다른 예를 요한복음 17장 12절에서 볼 수 있다. "내가 저희와 함께 있을 때에 내게 주신 아버지의 이름으로 저희를 보전하와 지키었나이다 그중에 하나도 멸망치 않고 오직 멸망의 자식뿐이오니 이는 성경을 응하게 함이니이다". 여기서 유다는 '멸망의 자식'으로 묘사된다. 유다를 멸망의 자식이라고 부른 이유는 무엇인가? '멸망'이란 말은 '파괴, 파멸, 폐기'를 뜻한다. 유다가 말 그대로 파멸, 파괴, 폐기의 아들이라는 뜻이 아니라, 그러한 것들이 유다의 삶의 정체였다는 뜻이다. 유다는 멸망의 나타남이었다. 이와 같이 예수님께서는 하나님의 아들이시다. 예수님은 나타나신 하나님이시다. "태초에 말씀이 계시니라 이 말씀이 하나님

과 함께 계셨으니 이 말씀은 곧 하나님이시니라. 말씀이 육신이 되어 우
리 가운데 거하시매 우리가 그 영광을 보니 아버지의 독생자의 영광이요
은혜와 진리가 충만하더라"(요1:1, 14).

예수님이 하나님의 아들이라는 증거는 성경의 예언 성취, 세례 요한의
증언, 예수님의 이적과 주장을 통해 여러 곳에서 제시된다. 이는 성령이
주시는 내면의 확신과 함께 예수 그리스도의 신성과 인성을 증명한다.
예수님은 땅에서 하나님의 대변자 역할을 하셨고, 하나님으로부터 온
지식과 권능을 세상에 전달하셨다. 유대인 지도자들은 이 주장을 자신들
과 동등한 신의 자리를 탐낸 신성모독으로 간주하여 예수님의 죽음을 요
구했다. '하나님의 아들'은 예수님의 신성, 창조주 하나님과의 관계, 인
류 구원자로서의 메시아(그리스도)적 사명을 함축하는 가장 중요한 신
앙적 표현이다.

20 예수님은 왜 세례를 받으셨나?

예수님이 요한에게 세례를 받으신 것은 메시아이며 하나님의 구원 사역을 성취하기 위해서 오신 왕이심을 만천하에 드러내는 의식이었다. 또한 죄 없으신 예수님이 세상 죄를 대신해서 십자가를 지신 것처럼 죄인들과 동일하게 되시기 위해서 요한의 세례를 받으셨다.

언뜻 보기에, 예수님의 세례는 전혀 목적이 없는 것처럼 보인다. 요한의 세례는 회개의 세례였다(마3:11), 예수님은 죄가 없으셨으며, 회개할 필요가 없었다. 세례 요한조차도 예수님이 그에게 오시는 것을 보고 당황했다. 요한은 자신의 죄를 인식했고 회개해야 할 많은 죄를 가진 자신이 흠이 없는 하나님의 어린 양에게 세례를 베푸는 것이 부적절하다고 생각했다. "내가 당신에게서 세례를 받아야 할 터인데 당신이 내게로 오시나이까?"(마3:14). 예수님은 "우리가 이와 같이 하여 모든 의를 이루는 것이 합당하니라"고 대답하셨다(마3:15).

예수님 공생애의 시작은 요단강에서 요한으로부터 세례를 받으시고 난 후이다. 이것은 대제사장으로서의 세례받으심이다. 십자가에서 우리의 죄를 담당하시는 사역을 하시기 위해서 요단강에 들어갔다 나오신 것이다. 신약은 그리스도인들에게 그들의 전 생애를 통해서 단 한 번만 씻는 씻음이 있다고 한다. 그 씻음의 때는 예수 그리스도를 믿으므로 구원받을 때다. 예수님께서 우리의 죄를 십자가에서 짊어지시고 다시 사신 사역에 근거해서 우리가 죄 사함을 받는 것이다. 예수 그리스도를 믿는 순간 우리의 모든 죄는 다 씻김을 받는다. 이것은 단회적 유일한 체험이다. 그리고 그 순간부터 우리는 제사장이 된다. 신약 시대에서는 예수 그리스도를 믿는 모든 성도가 제사장의 자격으로 하나님 앞에 나아갈 수 있다.

예수님께서 세례 요한에게 세례를 받아야 했던 합당한 이유가 몇 가지 있다. 예수님은 길을 예비하는 세례 요한을 통해 자신의 공적인 사역을 시작하셨다. 세례는 예수님이 메시아임을 공적으로 선포하는 사건이었다. 예수님은 자신의 사역을 시작하려고 하셨고, 자신의 길을 예비하는 자로부터 공적으로 인정받는 것이 합당한 일이었다. 요한은 이사야가 예언했던 '광야에서 외치는 자'였으며 메시아의 길을 예비하기 위해 사람들에게 회개하라고 소리쳤다(사40:3). 예수님께 세례를 베풀며, 요한은 우리가 기다리던 하나님의 아들, '성령과 불'로 세례를 주리라고 했던 분이 바로 예수님이라고 선포했다(마3:11).

예수님의 세례는 예수님께서 죄인과 동일시되었음을 보여준다. 예수님의 세례는 죄인들이 세례로 인해 그리스도의 의로 들어가는 것을 상징하며, 우리가 세례를 통해 예수님과 함께 죽고, 죄에서 자유를 얻으며, 새 생명을 받은 자로 살아갈 수 있게 된다는 의미다. 예수님의 완전한 의는 우리 스스로는 해결할 수 없는 죄에 대한 율법의 요구를 온전히 충족시켰다. 예수님께서는 죄가 없으셨지만, 인류를 죄로부터 구원하기 위해 세례를 받으심으로써 모든 의를 이루셨다. 이는 세례를 통해 그리스도의 의로 들어가는 상징이 된다. 요한이 죄 없으신 하나님의 아들에게 세례를 베푸는 것을 주저했을 때, 예수님은 '모든 의를 이루는 것'이 합당하다고 하신다(마3:15). 이로써 예수님은 자신에게 오는 모든 사람에게 그들의 죄와 자신의 의를 바꾸시겠다고 말씀하신다(고후5:21). 또 예수님께서 요한에게 오심은 요한의 세례를 인정하고 그것이 하늘에서 온 것이며 하나님의 승인을 받은 것임을 증거하는 일이었다. 이것은 어떤 사람들이 요한의 권위를 의심하기 시작할 때, 특히 헤롯에게 체포된 후에 중요한 의미가 되었다(마14:3~11).

아마도 예수님의 세례에서 가장 중요한 부분은 이 공식적인 세례를 통해 하늘의 영광 가운데 삼위일체의 하나님이 완전한 모습으로 다가올 세대를 위해 기록되었다는 것이다. 예수님의 세례 때 성령이 비둘기처럼 내려오고 하늘에서 "이는 내 사랑하는 아들"이라는 음성이 들리며 삼위일체 하나님이 함께하심이 드러났다. 성자에 대한 아버지 하나님의 기쁨과 예수님 위에 임하신 성령님(마3:16~17)의 직접적인 증거로 삼위일체에 관한 아름다운 그림을 보여준다. 이것은 또 구원을 위한 예수님의 사역에 아버지와 아들과 성령님이 함께하시는 모습을 보여준다. 성령님은 죄를 깨닫게 하고(요16:8), 아들을 통해 믿는 자들을 아버지께로 이끈다.

세례 요한의 아버지 사가랴는 유명한 제사장이었다. 그러므로 세례 요한 또한 제사장이었다. 요한이 예수님께 세례를 베푼 것은 세례와 함께 죄의 전가 안수였다. 성막에서 대속죄일 속죄 제사 때 제사장이 아사셀 양¥에 안수하여 죄를 전가시켰다(레 16장). 그 증거로 세례를 받으실 때 비둘기 같은 성령이 임하셨다. 비둘기는 죄 사함의 제물이다. 또한 하나님의 어린 양이 되셨다. "이튿날 요한이 예수께서 자기에게 나아오심을 보고 이르되 보라 세상 죄를 지고 가는 하나님의 어린 양이로다"(요 1:29). 또한 세례가 하나님의 의를 이루는 것이 되었다. "예수께서… 모든 의를 이루는 것이 합당하니라 하시니 이에 요한이 허락하는지라… 하나님의 성령이 비둘기같이 내려 자기 위에 임하심을 보시더니"(마3:15~16). 하나님의 의는 누군가 제물이 되는 것, 누군가 죄를 짊어지고 죽지 않으면 사람은 결코 의롭게 될 수 없다. 의로움은 누군가 죽어야 한다. 그러므로 예수님을 향한 세례는 회개의 세례가 아니라 죄의 전가였다.

|제3부|

교회에 관한 질문

21 교회란 무엇인가?

교회란 무엇인가? 많은 사람들은 교회를 하나의 건물로 이해한다. '교회'라는 말은 신약성경을 기록한 헬라어 에클레시아(ekklesia)로, '회중' 또는 '부르심을 받은 자들'이라는 뜻이다. 교회의 근본적인 의미는 건물이 아니라 사람이다. 사람들에게 어떤 교회에 출석하느냐고 물으면 대개 건물을 가리키는데 이는 잘못된 것이다. 사도 바울은 로마서(16:5)에서 그들의 '집에 있는 교회'를 언급하는데, 그것은 교회 건물이 아니라 신자들의 모임을 말한다. 교회는 그리스도께서 머리 되시는 그리스도의 몸이다. 에베소서 1장 22~23절은 "또 만물을 그의 발 아래에 복종하게 하시고 그를 만물 위에 교회의 머리로 삼으셨느니라. 교회는 그의 몸이니 만물 안에서 만물을 충만하게 하시는 이의 충만함이니라"고 말한다. 그리스도의 몸은 오순절부터 그리스도의 재림 때까지의 예수 그리스도 안에 있는 모든 믿는 자들이다. 그리스도의 몸은 두 가지 측면으로 구성된다.

첫째는 우주적인 교회다. 예수 그리스도와 개인적 관계를 지닌 모든 사람으로 구성된다. "우리가 유대인이나 헬라인이나 종이나 자유인이나 다 한 성령으로 세례를 받아 한몸이 되었고 또 다 한 성령을 마시게 하셨느니라”(고전12:13). 이 구절은 누구든지 믿는 자는 그리스도 몸의 지체이며 그 증거는 그리스도의 영靈을 받은 것이라고 말한다. 하나님의 우주적인 교회는 예수 그리스도를 믿는 믿음을 통해 구원받은 모든 사람이다.

둘째는 지역 교회다. “…사도 된 바울은 함께 있는 모든 형제로 더불어 갈라디아 여러 교회들에게…”(갈1:1~2). 여기서 우리는 갈라디아 지역에 많은 교회들이 있었음을 알 수 있다. 우리는 그 교회들을 지역교회라고 부른다. 장로교회, 침례교회, 루터교회 등은 우주적인 교회라기보다는 신자들의 모임인 지역교회다. 우주적인 교회는 그리스도께 속하고 구원을 위해 그분을 신뢰하고 있는 사람들로 구성된다. 교회는 건물이나 교파가 아니다. 성경에서 말하는 교회는 그리스도의 몸, 즉 구원을 위해 예수 그리스도에게 믿음을 둔 모든 사람이다(요3:16, 고전12:13). 지역교회는 우주적인 교회 회원들의 모임이다. 지역교회는 주 예수 그리스도의 지식과 은혜 안에서 서로 격려하고 가르치고 서로 세우는 것을 온전히 적용하는 곳이다(고전 12장).

그렇다면 교회의 본질은 무엇인가? 반석과도 같은 베드로의 신앙고백 위에 주님의 교회를 세우시겠다고 하셨다(마16:18~19). 이 말씀을 통해 우리는 교회의 본질을 알 수 있다. 이 세상의 모든 교회는 주님의 교회요, 그렇기에 주님 외에 그 누구도 교회의 주인일 수 없다. 다시 말해, 교회란 제도나 건물이 아니라 주님을 주인으로 모신 사람들의 모임이다. 이 세상을 압도하고 있는 약육강식弱肉強食의 황제 논리에 빠지지 않고, 오직 주님의 영원한 논리를 좇아 살아가는 사람들의 모임이 교회다. 만약 교회가 세상 사람들로부터 썩었노라 지탄받고 있다면, 그것은 제도나 건물이 낡았다는 말이 아니다. 그 속의 사람들이 영원한 논리가 아닌, 물질만능物質萬能의 황제 논리에 침몰해 있음을 뜻한다.

주님의 교회는 음부의 권세, 즉 사망의 권세가 결코 이기지 못할 것임을 천명하셨다. 그럼에도 오늘날 많은 교회가 분열과 다툼의 소용돌이에 휘말려 있다면, 그 사람들은 황제의 논리를 신봉하고 있기 때문이다. 황제의 논리는 무자비한 경쟁을 초래하고, 그것은 반드시 대립과 반목으로 귀결될 수밖에 없다. 주님께서는 땅에서 무엇이든지 메고 푸는 대로 하늘에서도 그대로 될 것임을 약속하셨다. 한마디로 응답해 주시겠다는 말씀이었다. 주님을 주인으로 모시고 주님의 영원한 논리를 따라 사는 자들에게 영원하신 주님께서 응답해 주심은 당연한 일이다. 교회는 우리 영혼의 안식처요, 행복의 보금자리요, 소망의 샘터이다. 구원받은 사람이라면 누구나 이 교회에 소속되어야 하며, 연합해야 한다. 그러나 완전 무결한 교회는 이 세상에 존재하지 않는다. 다만 현존하는 교회는 영적인 용광로, 목욕탕, 하수 처리장일 뿐이다.

교회의 3대 사역 표지(Marks)가 있다. 첫째로, '케리그마'다. 말씀의 올바른 선포다. 성경을 중심으로 올바른 정통교리에 서서 전파해야 한다. 이것은 교회의 가장 중요한 표지標識이다. 그 의미는 말씀 전파가 근본적으로 진실해야 하며 신앙과 행위에 지배적인 영적 감화를 끼쳐야 한다는 것이다(살전2:13). 바로 복음 선포로 예배, 전도, 교육을 말한다. 둘째로, '디아코니아'다. 성례의 정당한 집행이다. 세례와 성찬은 말씀의 유형적인 전파이다. 성례는 말씀의 합법적인 사역자들에 의하여 하나님이 세우신 제도에 따라 신자들과 그 자녀들에게만 집행되어야 한다(막16:16, 고전11:23~30). 디아코니아는 봉사, 구제, 건덕建德, 사회 개발의 사역이다.

셋째로, '코이노니아'다. 권징은 올바른 교리를 유지하며, 거룩한 성례의 지킴과 교회 질서에 필요한 것이다. 교리와 생활의 성결을 위해 그리스도의 권위로써 불순성을 배제해야 한다. 그러나 권징은 온유한 마음과 사랑의 정신으로 조심스럽게 다루어져야 할 것이다(갈6:1). 권징의 참 목적은 범죄한 사람을 교정하여 잃어버리지 않으려는 데 있기 때문이다(마18:15). 코이노니아는 성도의 화목과 친교, 공동체 의식이다.

모든 그리스도인은 각자 참된 교회에 소속되어야 한다. 그러면 과연 어느 교회가 참 교회인지, 어떻게 식별할 수 있을까? 참된 교회는 예수 그리스도를 주로 믿고 예수 그리스도의 삶을 좇아 살아가는 사람들의 모임이어야 한다. 즉 ① 말씀을 배우며, ② 말씀 안에서 서로 사귀며, ③ 말씀대로 나누고 섬기며 살도록 ④ 사람을 키우고 ⑤ 훈련시켜 양육하고, 배운 것을 실천하게 하는 것이다. 교회는 완벽한 사람들이 모여서 하나님 나라를 멋있게 이루어 내는 곳이 아니다. 착각과 환상에 사로잡힌 신자들이 모여 결국 내가 죄인이라는 자탄과 절망에서 회개에 이르는 곳이다.

교회의 목적은 무엇인가?

교회의 핵심 사명은 하나님을 예배하고, 예수 그리스도의 복음을 세상에 전하며(傳道), 성도들을 말씀으로 양육하고(敎育), 서로 사랑하며 교제(交際)하고, 이웃을 사랑으로 섬기는(奉仕) 것이다. 이는 하나님 나라의 가치를 실현하고, 그리스도의 사랑을 세상에 나타내는 종합적인 역할이다. "저희가 사도의 가르침을 받아 서로 교제하며 떡을 떼며 오로지 기도하기를 힘쓰니라"(행2:42). 교회의 목적, 활동은 성경의 교훈을 가르치고, 믿는 자들을 위한 교제의 장소를 제공하며, 성찬식을 행하고, 기도하는 것이다.

교회는 우리가 믿음에 굳건히 설 수 있도록 성경의 교리를 가르쳐야 한다. "이는 우리가 이제부터 어린아이가 되지 아니하여 사람의 속임수와 간사한 유혹에 빠져 온갖 교훈의 풍조에 밀려 요동하지 않게 하려 함이라"(엡4:14)라고 한다. 교회는 그리스도인들이 서로에게 헌신하고 서로를 존중하며(롬12:10), 서로를 가르치고(롬15:14), 서로에게 친절하고 긍휼을 베풀며(엡4:32), 서로가 격려하고(살전5:11), 서로 사랑할 수 있는(요일3:11) 교제의 장소가 되어야 한다.

교회는 신자들이 우리를 대신하여 죽으시고 피 흘리신 그리스도를 기억하면서 성찬을 준수할 수 있는 장소가 되어야 한다(고전11:23~26). "떡을 뗌"(행2:42)이라는 개념은 함께 음식을 먹는다는 의미도 있다. 이것은 교회가 교제를 촉진하는 장소인 것을 보여주는 사례다. 또한 교회가 존재하는 최종 목적은 기도다. 교회는 기도를 도모하고, 기도를 가르치며, 기도를 실행하는 장소가 되어야 한다. 빌립보서 4장 6~7절은 "아무것도 염려하지 말고 다만 모든 일에 기도와 간구로 너희 구할 것을 감사함으로 하나님께 아뢰라. 그리하면 모든 지각에 뛰어난 하나님의 평강이 그리스도 예수 안에서 너희 마음과 생각을 지키시리라"라고 권한다.

교회의 5대 사명은 예배, 교육, 교제, 전도, 봉사다. 이는 하나님을 향한 사랑과 이웃을 향한 사랑을 실천하는 핵심적인 활동이다. 첫째, 예배(Worship, λειτουργια)로 하나님께 영광을 돌리고 그분과 교제하는 신앙생활의 기본이다. 둘째, 교육(Discipleship, διδαχή)으로 말씀을 가르치고 양육하여 성도들이 믿음 안에서 성장하도록 돕는 것이다. "너희는 가서 모든 민족을 제자로 삼아… 내가 너희에게 분부한 모든 것을 가르쳐 지키게 하라"(마28:19~20). 셋째, 교제(Fellowship, κοινωνία)로 성도들이 서로 사랑하며 연합하고 공동체를 이루는 것이다. "그들이 사도의 가르침을 받아 서로 교제하며 떡을 떼며 기도하기를 힘쓰고… 마음을 같이 하여 성전에 모이기를 힘쓰고… 하나님을 찬미하며 또 온 백성에게 칭송을 받으니"(행2:42~47). 넷째, 전도(Evangelism, κήρυγμα)로 복음을 세상에 전파하고 영혼을 구원하는 사명이다. "너희는 가서 모든 민족을 제자로 삼아… 내가 너희에게 분부한 모든 것을 가르쳐 지키게 하라"(마28:19~20). 다섯째, 봉사(Service, διακονία)로 이웃과 사회를 향한 사랑을 실천으로 섬기고 구제하는 것이다. "예수께서 모든 성과 촌에 두루

다니사 저희 회당에서 가르치시며 천국 복음을 전파하시며 모든 병과 모든 약한 것을 고치시니라”(마9:35).

궁극적으로는 예수 그리스도의 대위임명령大委任命令인 ‘모든 민족을 제자로 삼아 복음을 전파하고 가르치는 것’을 이루는 데 있다. 즉, 하나님을 찬양하고 말씀을 배우며, 성도 간의 사랑을 나누고, 이웃에게 복음을 전하며 세상 속에서 하나님의 나라를 세워가는 것이 교회의 본질적인 사명이다. 이 다섯 가지 사명은 교회가 이 땅에서 예수 그리스도의 몸된 공동체로서 감당해야 할 본질적인 역할들이다. 교회는 말과 행동을 통해 복음을 나누는 일에 충성하라고 부르심을 받았다. 교회는 사람들에게 우리의 주主요 구세주이신 예수 그리스도를 알려주는 지역사회의 등대가 되어야 한다. 교회는 복음을 전파할 뿐만 아니라 복음 선포를 위해 교인들을 준비시켜야 한다. “너희 마음에 그리스도를 주로 삼아 거룩하게 하고 너희 속에 있는 소망에 관한 이유를 묻는 자에게는 대답할 것을 항상 예비하되 온유와 두려움으로 하고”(벧전3:15).

교회가 존재하는 몇 가지 목적들은 “하나님 아버지 앞에서 정결하고 더러움이 없는 경건은 곧 고아와 과부를 그 환난 중에 돌보고 또 자기를 지켜 세속에 물들지 아니하는 그것이니”(약1:27)라고 한다. 교회는 도움이 필요한 사람들을 섬기는 일을 해야 한다. 이 일은 복음을 전하는 것뿐만 아니라 필요에 따라 적절하게 육체적 필요인 음식, 옷, 쉴 곳을 공급하는 것을 포함한다. 교회는 또한 신자들이 그리스도 안에서 죄를 극복하고 세상의 오염에 물들지 않도록 그들에게 필요한 도구들을 갖추어 주어야 한다.

그렇다면 교회의 존재 이유는 무엇인가? 바울은 신자들에게 고린도전서를 통해 예시를 보여주었다. "몸은 하나인데 많은 지체가 있고 몸의 지체가 많으나 한몸임과 같이 그리스도도 그러하니라. 우리가 유대인이나 헬라인이나 종이나 자유자나 다 한 성령으로 세례를 받아 한몸이 되었고 또 다 한 성령을 마시게 하셨느니라. 몸은 한 지체뿐 아니요 여럿이니… 너희는 그리스도의 몸이요 지체의 각 부분이라"(고전12:12~27). 교회는 이 세상에서 그리스도의 몸으로서 하나님의 손, 입, 그리고 발이다. 신자는 예수 그리스도께서 지금 이곳에 육체적으로 계신다면 행하셨을 바로 그것을 행해야 한다. 교회는 그리스도인들의 모임이며, 그리스도를 닮아야 하고, 그리스도를 따라야 한다.

왜 교회에 나가야 하는가?

교회는 헬라어 '에클레시아'(Ekklesia)에서 유래했다. '불러냄을 받은 사람들'이라는 뜻이다. 이는 건물이 아니라 동일한 신앙을 가진 사람들이 모인 신앙 공동체를 의미한다. 교회는 예수 그리스도를 구주로 고백하는 신자들의 공동체이며, 하나님 나라의 모형이다. 하나님을 예배하고 서로 연합하며 복음을 전하는 사명을 수행해야 한다. 교회를 이루는 핵심은 "주는 그리스도시요 살아계신 하나님의 아들"이라는 신앙고백이다. 교회는 하나님께 예배를 통해 영광을 돌려드려야 한다. 예수 그리스도께서는 교회의 주인이시며, 교회의 머리이시다. 그러므로 사람들을 그리스도께로 인도하고 복음을 전하는 것은 교회의 사명이다. 공동체 안에서 서로를 돕고 구제하는 역할도 포함한다. 성도들 간의 수평적 관계, 즉 연합이 교회의 중요한 요소이다.

교회에 나가야 하는 이유는 신앙생활을 위한 공동체적 성장을 위해서다. 교회는 함께 예배드리고 성경을 공부하고, 서로 격려하며 영적인 양식을 주고받는 공동체다. 교회는 세상에 사랑과 복음을 전하는 역할을 한다. 또한 교회 공동체를 통해 시험과 고난을 이겨낼 힘을 얻고, 세상을 향한 선한 영향력을 발휘할 수 있다. 교회는 예수 그리스도를 믿는 사람들이 모여 서로 교제하고 힘을 얻는 공동체다. 교회에서 목회자에게 영적인 양식을 받고, 성도들과 함께 성경을 배우고 기도하는 과정을 통해 신앙적으로 성장할 수 있다. 공동체적 예배와 교제를 통해 하나님의 임재를 더욱 깊이 경험할 수 있다. 교회 공동체를 통해 세상에 하나님의 사랑과 복음을 전하는 역할을 한다. 공동체의 힘이 커질수록 세상에 선한 영향력을 미칠 수 있다.

성경은 우리가 다른 신자들과 함께 하나님을 예배하고 우리의 영적 성장을 위하고 하나님의 말씀을 배우기 위하여 교회에 출석하는 것이 필요하다고 말씀한다. 초대교회는 "사도의 가르침을 받아 서로 교제하고 떡을 떼며 오로지 기도하기를 힘썼다"(행2:42)고 하였다. 우리는 그와 같은 헌신의 예例를 본받고 따라야 한다. 그때에는 그들에게 지정된 교회 건물이 없었지만, "날마다 마음을 같이하여 성전에 모이기를 힘쓰고 집에서 떡을 떼며 기쁨과 순전한 마음으로 음식을 먹고"(행2:46)라고 하였다. 모임이 어디서 열리든 신자들은 서로 교제하는 것과 하나님 말씀의 가르침을 즐겼다.

교회 출석은 단지 '좋은 제안'이 아니다. 그것은 신자들을 향한 하나님의 뜻이다. 히브리서 10장 25절은 우리가 "모이기를 폐하는 어떤 사람들의 습관과 같이 하지 말고 오직 권하여 그날이 가까움을 볼수록 더욱 그리하자"라고 말한다. 심지어 초대교회에서도 몇몇 사람들은 다른 신자들과 만나지 않는 나쁜 습관에 빠져들고 있었다. 히브리서 저자는 그것은 잘못된 것이라고 말한다. 우리는 교회 출석을 격려하고, 마지막 때가 다가올수록 교회 출석에 힘써야 한다. 교회는 신자들이 서로 사랑하고(요일4:12), 서로 위로하고(히3:13), 서로 돌아보아 사랑과 선행을 격려하고(히10:24), 서로 섬기고(갈5:13), 서로 권면하고(롬15:14), 서로 존경하고(롬12:10), 서로 친절하며 긍휼히 여길 수 있는(엡4:32) 곳이다.

교회 출석, 참여와 교제는 믿는 자의 규칙적인 삶이 되어야 한다. 매주 교회에 출석하는 것이 신자가 되기 위한 '필수 조건'은 아니다. 그러나 그리스도께 속한 자라면 하나님을 예배하고 그분의 말씀을 들으려는 열망이 있어야 하고 다른 신자들과 교제해야 한다.

결론적으로, 교회란 예수님의 십자가 죽음으로 말미암아 받은 은혜의 유익을 누리며, 하나님의 이름을 부르는 모든 사람의 모임이다. 우리는 제자를 만들고, 하나님의 계명에 순종하며 살아야 한다. 교회의 지체는 하나님을 예배하도록 부름 받았다. 성도는 마음으로 하나님께 이야기하는 기도 시간을 갖고, 하나님의 말씀을 읽고, 마음으로 묵상해야 한다. 개인의 영적 성숙을 위해 필수다. 그리고 교회의 유익을 위해 영적 은사들을 사용함으로써 교회의 예배에 꾸준히 참여해야 한다. 교회에 나가는 것은 단순히 개인의 신앙생활을 넘어, 그리스도인으로서 공동체 안에서 함께 성장하고, 세상을 향한 긍정적인 역할을 감당하기 위해서이다.

24 교회가 하는 일은 무엇인가?

교회의 헬라어 '에클레시아'($\dot{\epsilon}\kappa\kappa\lambda\eta\sigma\iota\alpha$)는 복음서 가운데서 마태복음 (16:18) 외에는 전혀 사용되지 않았다. 그 이유는 예수님이 공생애 중에 교회를 조직하지 않았을 뿐만 아니라 그 이후에도 제자들로 하여금 교회를 조직하라고 말씀하시거나 암시하지도 않았음을 가리킨다. 그리스도의 몸이라고 일컬어지는 교회의 기독론적 기초는 사도 바울에 의해 구성되었다. 이는 교회의 출현은 당위로서가 아니라 역사적 과정을 통해 이루어졌다는 사실을 말하는 것이다. 따라서 우리는 신앙 공동체로서의 가시적 현실 교회에 대해 언급할 때 그 점을 설득할 수 있는 해석학적 근거를 제공해야 한다. 그렇지 않으면 교회는 또 하나의 독단론에 빠지게 된다. 신약성경 어디에도 표준으로서의 교회가 없을 뿐만 아니라 2천 년 교회 역사에서 절대적인 교회 모델은 없다. 따라서 우리는 어떤 확정된 모형으로서의 교회를 찾기보다는 교회의 본질적인 기능에 대해 질문함으로써 그에 대한 대답을 발견할 수 있을 것이다. 즉 교회의 기능과 과제는 무엇인가?

코로나19 사태 이후 세상의 지형은 코로나 이전과 이후로 나뉠 정도로 완전히 바뀌었다. 마스크, 사회적 거리 유지하기, 온라인 비대면 수업 등과 같이 우리는 지금 코로나19 이전엔 생각지 못한 것들이 일상이 되어 버린 뉴노멀의 시대를 살고 있다. 코로나19 사태로부터 가장 심각하게 영향을 받은 곳은 다름 아닌 교회일 것이다. 코로나19로 인해서 발생하는 다양한 문제들을 직면하면서 교회는 어떻게 대처해야 할까? 여기에서 새로운 AI시대에 교회의 5대 본질적 사명을 재성찰해 본다.

교회가 하는 일들을 흔히 '사역'(使役, $\delta\iota\alpha\kappa\sigma\nu\sigma\varsigma$, ministry)이라 한다. 교회의 주인이신 그리스도께서 시켜서 하는 일이라는 뜻이다. 무엇이 있는가? 첫째로 예배($\pi\rho\sigma\sigma\kappa\upsilon\nu\epsilon\omega$, $\lambda\epsilon\iota\tau\sigma\upsilon\rho\gamma\iota\alpha$)다. "아버지께 참되게 예배하는 자들은 영과 진리로 예배할 때가 오나니 곧 이때라 아버지께서는 자기에게 이렇게 예배하는 자들을 찾으시느니라. 하나님은 영이시니 예배하는 자가 영과 진리로 예배할지니라"(요4:23-24). 하나님을 찬양하고 (시150:1), 신령과 진정으로(롬12:1-2), 두려움과 존중히 여김으로(삼상 2:30하) 하는 예배는 세상 끝날까지 계승되어야 한다. 성도는 언제나 주님과 초점을 맞추는 삶을 살아야 한다. 그것이 바로 예배다. 교회의 존재목적은 주님을 즐거워하며 주님의 임재를 즐기는 것이다. 초대교회는 규칙적으로 모여서 예배를 드렸다. 예배는 삶 속에서 하나님을 향한 사랑을 고백하는 삶의 예배가 중요하다. 예배를 불신자에게 초점을 맞추려 하는데 조심해야 한다. 전도는 불신자들에게 초점을 맞추지만, 예배는 하나님께 초점을 맞춰야 한다.

둘째로, 선교(宣敎, $\kappa\eta\rho\upsilon\gamma\mu\alpha$)다. 케리그마는 '복음 선포'를 말한다. 즉, 권위를 가지고 자신에게 위탁된 메시지를 선포하는 것이다. 초대교회에서의 선포는 예수 그리스도를 통해 나타난 하나님의 구원 소식, 즉 복음을 전하는 것이었다. 케리그마는 선포의 대상이 복음을 듣지 못한 자라는 점에서 말씀의 가르침과 복음 전도(행5:42)로서 교회의 가장 핵심적인 기능이다. 가르침(Teaching)이 교회 공동체 내부의 성장과 성숙을 위한 것이라면, 복음 선포(Preaching)는 교회 공동체 밖에 있는 사람들을 교회로 이끌어 들이기 위한 것이다. 건강한 교회는 안으로의 가르침과 밖으로의 외침이 왕성한 것이 특징이다. 교회의 존재 목적의 첫째는 복음을 전하는 것이다.

셋째로, 교육(敎育, διδαχή)이다. 교회의 기능은 믿는 자들을 양육하고 인도하는 데 있다. 예수님은 승천하시기 전에 교회의 설립을 위한 기초 작업을 완성하셨다. 교육(Education)이란 라틴어의 '인도하다, 끌어내다'란 말에서 유래했다. 일반적으로 교육학에서 말하는 기독교 교육이란 ①신앙의 성장을 돕고, ②신앙 공동체인 교회 생활에 적응하게 하고, ③기독교 문화를 창달하여 그 문화를 후세대에 전달하게 하고, ④하나님의 계시인 말씀을 통해 전적으로 타락하고 무능한 인간의 모습을 발견케 하여 주님을 의지하고 사는 삶과 그 방법을 가르쳐 주는 것이라 할 수 있다.

넷째로, 봉사(奉仕, διακονια)다. 예수님은 가난한 자들과 사회적으로 소외된 자들에게 깊은 관심을 가지셨다. 예수님은 병자들을 치유하시고 죽은 자도 살리셨다. 선한 사마리아인의 비유를 말씀하시며 선행을 강조하셨다(눅 10장). 섬김과 봉사의 행위는 교회의 빛과 소금의 역할을 하는 데 중요하다. 교회는 가난한 자를 업신여기지 말고 사랑해야 한다. 말로만 사랑하지 말고 행함과 진실함으로 실천하도록 해야 한다(약2:15-17). 이웃을 사랑하고 섬기는 것에는 불의를 참지 않고 과감하게 책망하는 용기도 포함된다. 사랑은 행동으로 나타나야 하고, 공의를 행하는 것을 포함해야 한다. 불의로 고통받는 소외된 계층에 대해 교회가 적극적인 관심을 가져야 한다.

다섯째로, 친교(親交, κοινωνια)다. 코이노니아란 '모든 것을 공동으로 소유한다'는 뜻으로 성도의 나눔과 교제를 의미한다(행 2:42). 코이노니아는 교회의 영원한 본질로서, 제도적 교회를 유기적 교회로 승화하는 데 필수적이다. 대부분의 사역이 종료된 후 천상에서도 계속되는 중심적 사역이다. 개인주의와 군중 속의 고독으로 소외된 현대인들에게 친교는 절실히 필요하다. 교회의 교제는 하나님을 중심으로 한 코이노니아로서, 이는 인간의 성화와 신적 연합을 이루며, 지상에서부터 훈련되어 천상의 이상적 코이노니아로 발전한다.

교회는 왜 필요한가?

신자들이 모이는 장소로서의 교회가 반드시 필요하며, 교회에 꼭 나가야 하는지에 대한 답은 신앙의 관점과 개인의 신념에 따라 다르다. 그러나 기독교 신앙에서 예수님을 믿는 사람들의 공동체로서 교회의 존재는 중요하다. 이는 의무라기보다 신앙 성장을 위한 필수적인 '어머니의 품'이기 때문이다. 교회는 말씀 선포, 교육, 봉사, 교제를 통해 신앙이 깊어지고, 세상 속에서 하나님의 사랑을 실천하며, 서로에게 힘이 되는 곳이다. 교회 출석을 통해 하나님과 더 깊이 교감하고 믿음의 성장을 이룰 수 있다. 우리는 예수님 중심의 공동체인 교회를 통해 믿음을 성장시켜야 한다.

하나님을 믿는 자들이 교회에 모이는 핵심적인 이유는 그리스도인들은 한몸의 지체로서 예수님을 머리로 하여 함께 모여 예배하고 지어져 가야 하기 때문이다(롬12:4~5). 설교, 찬양, 성경 공부 등의 교회 활동은 하나님과 성경에 대해 배우고, 영적으로 성장하며, 믿음이 퇴보하지 않도록 돕는다. 성도들은 함께 모여 서로 기도하고 격려하며, 삶의 기쁨과 어려움을 나누는 영적인 교제를 통해 힘을 얻는다. 예배는 하나님께 감사와 희생을 드리고, 하나님과 친밀한 관계를 맺는 중요한 시간이다. 교회는 세상 속에 존재하며, 세상에 하나님의 사랑과 복음을 전파하고 하나님 나라를 세워나가는 사명을 감당한다. 인간은 예배자로 창조되었다. 예배를 통해 하나님과의 관계를 회복하고 창조 목적을 이루어가는 삶을 살게 된다. 공동체 예배는 혼자서는 경험하기 어려운 하나님의 임재와 역사를 체험하는 중요한 통로가 된다.

어떤 사람이 구원받기 위해 예수 그리스도를 믿을 때, 그는 그리스도 몸의 한 구성원이 된다(고전12:27). 교회의 몸이 제대로 작동하려면 몸의 모든 '지체들'이 자기 역할을 감당해야 한다(고전12:14~20). 교회에 출석하는 것만으로는 충분하지 않다. 신자는 하나님께서 주신 성령의 은사들을 사용하면서 남을 섬기는 일에 참여해야 한다(엡4:11~13). 신자는 그가 가진 은사를 발산하지 않고서는 온전한 영적 성숙에 도달하지 못한다. 또한 신자는 모두 다른 신자들의 도움과 격려가 필요하다(고전12:21~26).

예수님은 교회의 '모퉁이돌'이고(벧전2:6), 신자는 "산 돌같이 신령한 집으로 세워지고 예수 그리스도로 말미암아 하나님이 기쁘게 받으실 신령한 제사를 드릴 거룩한 제사장"(벧전2:5)이다. 신자는 하나님의 '신령한 집'의 건축 자재로서 자연적으로 서로 연결되어 있고, 그 연결은 교회에 출석할 때마다 확인된다.

그리스도인들은 예수님을 머리로 하는 한몸(敎會)을 이루어야 한다. 함께 예배하고 기도하며 교제하는 것은, 고난과 시험을 이겨낼 힘을 얻기 위해서다. 교회는 어머니의 품처럼 신앙을 배우고 자라며, 공동체 안에서 신앙이 성장하도록 돕는 곳이다. 이곳에 모인 신자들은 예배를 통해 주님의 임재를 깊이 경험할 수 있다. 세상에 하나님의 사랑을 전하고 선한 영향력을 끼치는 데 있어서도 공동체의 역할은 무척 중요하다. 신자들이 교회에 다니는 이유는 영적 성장과 구원, 공동체 안의 소속감과 위로, 삶의 안정과 도움 때문이다. 이는 예배, 성경 공부, 교제, 봉사 등을 통해 이루어진다. 교회에서 성경 말씀을 배우고 훈련받으며 영적으로 성장하며, 혼자 하기 어려운 중보기도의 힘을 얻고, 서로를 위해 기도하기도 한다. 가족 같은 공동체에 소속되어 안정감을 느끼고, 다양한 사람들과 교제하며 위로받는다. 힘들 때 이야기를 나누고 공감하며 서로 돕는 관계 속에서 정서적 지지를 얻는다. 교회의 필요성은 이와 같은 믿음 생활뿐만 아니라 봉사, 섬김 등의 활동을 통해 사회적 역할과 자아실현의 기회를 마련한다는 점에서도 찾아볼 수 있다.

그리스도인의 예배란 어떤 것인가?

예배는 종교에서 신앙의 대상에게 존경과 숭앙을 표현하는 행위다. 가장 많이 '예배'로 번역되는 헬라어 프로스큐네오(προσκυνεω)는 '예를 갖추어 절하다'라는 의미다. 이는 하나님의 위엄과 은혜를 인정하고 감사하며, 기도, 찬양, 말씀 등을 통해 하나님의 뜻에 순종하고 그분과의 교제를 추구하는 영적 태도이다. 예배는 내적이고 개인적인 행동이므로, 크리스천은 일주일 내내 항상 예배한다.

예배는 공적인 예배(교회 모임)와 사적인 예배(삶의 태도)로 나눌 수 있다. 공적인 예배는 교회와 같이 특정 장소에 모여서 드리는 정해진 형식의 예배를 의미하며, 기도, 말씀 선포, 찬양, 성찬, 헌금 등이 포함될 수 있다. 사적인 예배는 일상의 삶 속에서 하나님의 주권을 인정하고 그분의 은혜에 응답하는 모든 행위를 포함하며, 이는 평생에 걸쳐 이루어진다. 예배의 핵심 의미는 신앙의 대상인 하나님을 경배하고 높이며 찬양하는 행위다. 하나님께서 세상을 창조하시고 구원하시는 창조주이며 구속주임을 인정하고, 그분의 은혜에 감사하는 것이다. 하나님의 영화로우심에 대해 자신의 모든 것을 드려 예禮를 표하는 것이다.

　예배하는 목적은 첫째로 하나님과의 교제다. 예배를 통해 하나님과 깊은 교제를 나누고 그분의 임재를 경험한다. ‘하나님의 임재’는 하나님께서 인간과 함께하시는 동행의 의미다. 이는 하나님과의 친밀한 교제를 통해 경험되며, 기도, 말씀 묵상, 그리고 일상생활 속 의식적인 노력을 통해 연습할 수 있다. 둘째는 성도와의 교제다. 함께 예배하는 공동체(성도들)와의 교제를 통해 신앙적 유대감을 형성한다. 셋째는 개인의 삶의 회복과 성장이다. 예배를 통해 개인의 삶이 살아나고 신앙이 성장하며, 가정이 회복되고 사회를 변화시키는 힘을 얻게 된다.

　크리스천 예배의 특성은 내면에서 시작해 외부적으로 드러나는 것이다. 두 측면 모두 똑같이 중요하다. 예배자는 ‘영과 진리로’ 예배드려야 한다. “아버지께 참되게 예배하는 자들은 영과 진리로 예배할 때가 오나니 곧 이때라 아버지께서는 자기에게 이렇게 예배하는 자들을 찾으시느니라. 하나님은 영이시니 예배하는 자가 영과 진리로 예배할지니라”(요 4:23~24). 영으로 예배하는 것은 물리적 자세와는 아무런 관계가 없다. 영적 예배는 우리의 가장 깊은 내면적 존재와 관련이 있다.

　영적 예배를 위해서는 몇 가지 필요 사항이 있다. 첫째, 우리 예배자는 거듭나야만 한다. 예배자 안에 성령의 내재함 없이는 하나님을 알 수 없기 때문에, 예배 안에서 하나님께 반응할 수가 없다. “사람의 일을 사람의 속에 있는 영 외에 누가 알리요 이와 같이 하나님의 일도 하나님의 영 외에는 아무도 알지 못하느니라”(고전2:11). 우리 안에 거하시는 성령은 본래 스스로를 영화롭게 하심으로써 예배에 활기를 불어넣으시는 분이다. 그래서 모든 진실한 예배는 하나님을 영화롭게 한다.

둘째, 영으로 예배하는 것은 하나님께 마음을 집중하고, 진리로 새롭게 되는 것이 필요하다. 바울은 우리에게 "너희 몸을 하나님이 기뻐하시는 거룩한 산 제물로 드리라 이는 너희가 드릴 영적 예배니라. 너희는 이 세대를 본받지 말고 오직 마음을 새롭게 함으로 변화를 받아"(롬12:1~2)라고 권고한다. 오직 우리의 마음을 이 세상에 집중하지 않고 하나님께 집중할 때 영으로 예배할 수 있다. 갖가지 종류의 방해 요소들은 우리가 하나님을 찬양하고 영광을 돌리려 할 때 진정한 예배를 드리지 못하도록 마음속에 밀려든다.

셋째, 영으로 예배하려면 열린 마음과 참회하는 정결한 마음을 가져야만 한다. 다윗왕의 마음이 밧세바와 지은 죄로 인해 죄책감으로 가득 차 있었을 때(삼하 11장), 그는 예배가 불가능하다는 것을 알았다. 다윗은 하나님께서 자기를 멀리 떠나셨다고 느꼈고, 하나님의 손이 자기를 짓누르는 것을 느끼며 "종일 신음"(시32:3~4)했다. 하지만 다윗이 자신의 죄를 자백했을 때 하나님과의 관계는 회복되었고, 다윗에게서 예배와 찬양이 터져 나왔다. 다윗은 "하나님께서 구하시는 제사는 상한 심령이라 하나님이여 상하고 통회하는 마음을"(시51:17)이라고 고백하였다. 자백하지 않은 죄로 가득한 마음에서는 찬양과 예배가 나올 수 없다.

진정한 예배의 또다른 특성은 '진리'로 드려진다는 것이다. 모든 예배는 진리에 대한 반응이다. 예수님은 당신의 아버지께 "아버지의 말씀은 진리니이다"(요17:17)라고 말씀하셨다. 시편 119편은 "주의 율법은 진리"(142절)이며, "주의 말씀의 강령은 진리"(160절)라고 말한다. 하나님께 진정으로 예배드리기 위해서는 하나님이 누구시고, 무슨 일을 하셨는지 알아야 한다. 하나님께서 완전히 드러내신 곳은 오직 성경밖에 없다.

예배란 우리 마음의 깊숙한 곳에서 말씀을 통해 알 수 있는 하나님께 드리는 찬미다. 성경의 진리가 없었다면 우리는 하나님을 알지 못했을 것이고, 진정으로 예배할 수 없다.

크리스천 예배에서 외부적 행동은 부차적이다. 공동 예배를 드리는 동안 앉거나, 일어서거나, 엎드리거나, 침묵하거나, 혹은 큰 목소리로 찬양해야만 한다는 법은 없다. 이러한 것들은 회중의 성격에 따라 결정되어야 한다. 무엇보다 중요한 것은, 우리가 마음을 다하여 영과 진리로 하나님을 예배해야 한다는 것이다.

기독교에서 세례란 무엇인가?

기독교에서는 두 성례전을 행한다. 성례전은 비가시적非可視的인 하나님의 은총을 가시적인 매체와 상징 행동을 통해 전달하는 기독교 의례다. 물, 빵, 포도주, 물질을 매개로 한다. 물을 매개로 하는 의례는 '세례'이고, 빵과 포도주를 매개로 하는 의례는 '성찬' 예식이다. 세례에 해당하는 헬라어는 '밥티스마'($\beta\alpha\pi\tau\iota\sigma\mu\alpha$)이며, 동사 '밥티조'($\beta\alpha\pi\tau\iota\zeta\omega$)에서 유래한 말로 기본적인 의미는 '잠그다'(왕하5:14, 시68:23) '씻는다'(막7:4, 눅11:38) 등으로 쓰였다.

세례는 물을 이용하여 죄를 씻고 깨끗해진다는 의미의 정화의식이다. 기독교인으로 입문하기 위한 성례다. 물에 잠기거나 씻음을 통해 옛 자아가 죽고, 그리스도와 함께 새로운 생명으로 과거의 자신을 버리고, 예수 그리스도를 통해 새로운 삶을 시작하며, 교회의 일원이 됨을 공식적으로 인정받는 과정이다. 세례는 성도가 그리스도 안으로 접목되었다는 것, 은혜 언약의 모든 유익에 성도가 참여하게 되었다는 것, 성도가 주님의 것이 되었다는 것에 대한 하나의 표적이요, 인印이다. "저가 또한 우리에게 인치시고 보증으로 성령을 우리 마음에 주셨느니라"(고후1:22),

"이후로는 누구든지 나를 괴롭게 말라 내가 내 몸에 예수의 흔적을 가졌
노라"(갈6:17). 또한 그리스도를 구주로 고백하는 공적인 의식이다.

　유대교에서 이방인들이 유대교로 개종할 때, 그들에게 할례를 주고
그 상처가 나으면 흐르는 물에 가서 물 가운데 세우고 율법을 읽어 주고
난 후 물속에 잠기게 한 후 물에서 나오면 유대인으로 새롭게 인정했다.
세례의 기원은 예수님께서 직접 제자들에게 세례를 주라고 명령하셨기
때문에 기독교의 중요한 의식으로 여겨진다. 세례는 마법적인 행위가
아니라, 세례를 받는 사람이 그리스도인으로서 각성하게 되는 예이다.
헬라어 '밥티조'는 '씻다'라는 의미로, 세례(침례)의 본질을 보여준다.

　세례(침례) 요한의 세례도 이러한 유대교적 예식과 관련이 있다. 그의
세례 특징은 기독교의 원천이 되는 강력한 메시아적 각성 운동으로 특
징 지을 수 있다. 이는 당시 유대인들이 베풀던 세례의 관행을 과감히 깨
뜨린 것이었다. 유대인들은 이방인들이 개종할 때 이방 세계의 더러움을
씻는 의미에서 세례를 행하였다. 따라서 이스라엘 자손들은 하나님의 백
성이었으므로 씻김을 받을 필요가 없었다. 그런데 요한은 이방인들에게
필요한 이 세례를 유대인들에게도 행함으로써 하나님 앞에서 모든 사람
은 죄인이므로 정결케 되는 것이 필요하며, 죄에서 정결케 된 후 자기 뒤
에 오시는 그리스도를 영접해야 하나님의 백성이 된다는 메시지를 전달
하고자 하였다. 요한의 세례는 회개와 죄를 자복하는 세례였으며 오실
메시아를 준비하는 세례였다.

　이 예식은 예수님의 명령에 따라 성부聖父, 성자聖子, 성령聖靈의 이름
으로 믿는 자들에게 베푸는 것이다. "그러므로 너희는 가서 모든 족속

으로 제자를 삼아 아버지와 아들과 성령의 이름으로 세례(침례)를 주고"(마28:19). 그리스도의 이름으로 세례를 받는다는 것은 잘못되었던 죽음의 삶을 그리스도 안에서 사함을 받고, 부활이요 영원한 생명이신 그분을 따라 살 것을 하나님과 세상 앞에 자신의 사람으로 약속하는 것이다.

요한이 베푼 세례는 물 세례로서 회개에 초점이 맞추어져 있고, 예수님께서 베푸시는 세례는 성령 세례로서 거듭남과 거룩하게 됨에 초점이 맞추어져 있다(요3:5). 예수님께서 성령 세례를 베푸시는 분이라는 것은 곧 예수님께서 죄인을 거듭나게 하시며 거룩하게 하는 분이심을 나타낸다. 실제로 새 생명을 주는 것은, 외형적인 물 세례가 아니라 내면적인 성령 세례이므로 아무든지 예수로 말미암지 않고서는 새 생명을 얻을 수 없다. 중요한 것은 예수님이 성령 세례를 주시는 분이라는 점과 아울러 성령 세례의 필요성이다. 성령이 없는 사람은 진정한 의미에서 성도가 아니다(롬8:9). 예수님께서는 승천하시기 전, 제자들에게 성령 세례를 받기 전에는 예루살렘을 떠나지 말도록 하셨다(행1:4). 성도의 신분을 보장해 주고 사역을 성공으로 이끌어 주는 것이 바로 성령 세례이기 때문이다(엡5:18). 따라서 오늘날 우리는 교회에서 시행되는 세례를 단순히 하나의 입교의식으로 여길 것이 아니라 죄 씻음과 거듭남을 체험하고 하나님 나라의 일꾼으로 나아가는 기회로 삼아야 한다. 노아의 홍수 사건(벧전3:20)이나 홍해 사건(고전10:2), 할례 의식(골2:11) 등에서도 세례의 상징적인 의미를 말하고 있다.

세례의 방식은 물을 머리에 붓는 관수 세례, 물을 머리에 뿌리는 방식인 살수 세례, 몸을 물에 완전히 잠기게 하는 방식인 침수 세례가 있다.

세례는 물속에 들어가는 것으로 옛사람이 죽고, 죄를 씻고 물에서 나옴으로써 예수님과 함께 부활, 연합하는 것을 상징하는 예식이다. "무릇 그리스도 예수와 합하여 세례를 받은 우리는 그의 죽으심과 합하여 세례받은 줄을 알지 못하느뇨. 그러므로 우리가 그의 죽으심과 합하여 세례를 받음으로 그와 함께 장사되었나니 이는 아버지의 영광으로 말미암아 그리스도를 죽은 자 가운데서 살리심과 같이 우리로 또한 새 생명 가운데서 행하게 하려 함이니라. 만일 우리가 그의 죽으심을 본받아 연합한 자가 되었으면 또한 그의 부활을 본받아 연합한 자가 되리라"(롬6:3~5). "누구든지 그리스도와 합하여 세례를 받은 자는 그리스도로 옷 입었느니라"(갈3:27).

왜 세례를 받아야 하는가?

기독교에서 세례(침례)는 예수님이 교회를 위해 도입하신 두 의식 중한 가지 제도이다. 예수님은 승천하시기 직전에 말씀하셨다. "그러므로 너희는 가서 모든 민족을 제자로 삼아 아버지와 아들과 성령의 이름으로 세례를 베풀고 내가 너희에게 분부한 모든 것을 가르쳐 지키게 하라 볼지어다 내가 세상 끝날까지 너희와 항상 함께 있으리라 하시니라"(마 28:19~20). 이 지침들은 교회가 사람들에게 예수님의 말씀을 가르치고 사람들을 제자로 삼으며 제자가 된 이들에게 세례를 줄 책임이 있다는 '대사명'이다. 이 명령들은 모든 민족과 나라들에서 "세상 끝날까지" 수행되어야 한다. 그러므로 별다른 이유가 없는 한, 세례는 예수님이 명하셨기에 중요한 의식이다.

세례는 신앙의 외적인 증거이자 예수 그리스도와 연합하는 약속으로서 중요하다. 이는 구원받은 신자로서의 삶을 세상에 선포하고, 죄로부터의 죽음과 그리스도 안에서의 새로운 생명을 상징한다. 세례는 내면의 신앙을 눈에 보이도록 하는 증거 행위다. 이를 통해 하나님의 자녀임을 세상에 공식적으로 알리는 것이다. 또한 세례는 성령이 임재하는 은혜를 기념하며, 그리스도 공동체의 일원이 되는 중요한 의식이다. 물에 잠겼다가 다시 나오는 세례 의식은 죄에 대하여 죽고, 그리스도 안에서 새로운 생명으로 다시 태어난 것을 상징한다. 세례는 예수 그리스도와 한몸을 이루는 약속이다. 이 언약 관계를 통해 그리스도의 죽음과 부활에 동참하게 되며, 영원한 생명을 소유하게 된다. 세례는 그리스도인들을 하나의 몸으로 연합시키는 중요한 의식이다. 이를 통해 교회 공동체의 일원으로서 소속감을 확인하고, 서로 돕는 관계를 맺게 된다.

그렇다면 세례는 왜 받아야 할까? 예수님께서 세례를 받으셨고, 제자들에게 세례를 주라고 명령하셨기 때문에 기독교인으로서 세례를 받는 것은 순종의 첫걸음이다. 성경에 따르면, 세례는 단순히 구원받은 후의 선택이 아니라, 예수님과의 언약 관계를 맺고 영원한 생명을 얻는 데 필요한 절차이다. 따라서 정상적인 상황이라면 세례를 받아야 한다.

세례는 교회가 세워지기 전부터 실행됐다. 고대 유대인들은 개종자들의 '깨끗케 됨'을 상징하고자 세례를 행했다. 세례 요한은 주의 길을 예비하고자 세례를 베풀었다. 그는 이방인들뿐만 아니라 모든 사람에게 세례받을 것을 권면했다. 모든 사람에게 회개가 필요했기 때문이다. 회개를 의미하는 요한의 세례는 그리스도인의 세례와 같지 않다. 그리스도인이 받는 세례는 더 깊은 의미를 담고 있다. 세례는 아버지와 아들과 성령의 이름으로 행해야 한다. 이 조건이 '기독교'에서 말하는 세례로 만든다. 이 의식을 통해 세례받는 사람은 교회의 일원으로 인정받는다. 구원을 받을 때 성령으로 세례를 받아 그리스도와 한몸이 된다. "우리가 유대인이나 헬라인이나 종이나 자유인이나 다 한 성령으로 세례를 받아 한몸이 되었고 또 다 한 성령을 마시게 하셨느니라"(고전12:13). 물로 행하는 세례는 성령님이 주시는 세례를 '재현'하는 것이다.

세례는 그리스도의 죽음, 장사葬事됨, 그리고 부활을 극적인 방식으로 예시한다. 또한 우리가 죄에 대해 죽고 그리스도 안에서 새롭게 살아간다는 것을 보여준다. 죄인은 예수님을 구주로 고백하면서 죄에 대해서는 죽고(롬6:11) 완전히 새로운 삶으로 일어선다(골2:12). 물에 잠기는 행위는 죄에 대해 죽는 것을 의미한다. 물에서 나오는 행위는 구원 후에 뒤따르는, 깨끗하고 거룩한 삶을 뜻한다. "그러므로 우리가 그의 죽으심과 합하여 세례를 받음으로 그와 함께 장사되었나니 이는 아버지의 영광으로 말미암아 그리스도를 죽은 자 가운데서 살리심과 같이 우리로 또한 새 생명 가운데서 행하게 하려 함이라"(롬6:4).

한마디로, 세례는 그리스도인의 삶에 나타난 내적인 변화를 외적으로 표현하는 증거다. 그러나 세례 자체가 구원과 매우 밀접한 연관이 있다고 해도, 구원의 필수 조건은 아니다. 기독교에서 세례는 구원받은 후의 주님을 향한 순종을 뜻한다. 성경은 여러 곳에서 사건의 순서를 보여준다. 어떤 사람은 주 예수님을 믿은 후, 세례를 받는 이 순서를 "그 말을 받은 사람들은 세례를 받으매 이날에 제자의 수가 삼천이나 더하더라"(행2:41)고 말한다. 기독교에서 행하는 세례는 한 사람이 자신의 신앙과 제자됨을 공표하는 수단이다. 세례를 받으며 "저는 그리스도를 믿음을 고백합니다. 예수님이 제 영혼을 죄에서 씻어주셨고 이제 저는 거룩한 새 생명을 얻었습니다"라는 무언의 메시지를 전하는 것이다.

예수 그리스도를 처음 믿은 새신자는 가능한 한 빨리 세례받기를 원해야 한다. 사도행전 8장에서 빌립은 에디오피아 내시에게 예수님을 가르쳐 복음을 전했다. 내시는 "길 가다가 물 있는 곳에 이르러 보라 물이 있으니 내가 세례를 받음에 무슨 거리낌이 있느냐"(35~36)라고 말했다. 그들은 당장 수레를 멈췄고, 빌립은 내시에게 세례를 주었다. 세례는 믿는 자가 그리스도와 함께 죽고 장사되고 부활하는 것을 설명한다. 복음이 전파되고 사람들이 그리스도를 믿는 곳 어디서나 믿는 자들은 세례를 받아야 한다.

교회 장로의 책무는 무엇인가?

　교회 장로는 성도들의 영적 양육과 교회 질서 유지, 목회에 협력하며, 구체적으로는 말씀과 기도로 교회를 섬기고, 분쟁을 해결한다. 성도들의 신앙생활을 바르게 인도하고, 거짓 가르침으로부터 교회를 보호한다. 영적 지도 및 양육으로 목회자와 함께 말씀과 기도로 교회를 섬기며 성도들을 가르친다. 성도들이 올바른 믿음 안에서 생활하도록 돕고, 영적인 삶을 보호한다. 교회 내 분쟁이 생기지 않도록 조정하고 해결하는 데 힘쓴다. 하나님의 뜻을 따라 교회를 헌신적으로 섬기며, 더러운 이득을 좇지 않는다. 목회자와 함께 교회의 모든 것을 책임지는 공동의 리더십을 발휘한다. 교회 재정이나 운영 등 다양한 사역에서 협력하며 교회를 세워간다. 자신의 신앙생활 자체가 교회의 본보기가 되어야 하며, 덕망과 존경을 받는 모범적인 성도여야 한다.

　장로는 '다스리는 장로'로서 교회의 영적 건강과 질서를 책임지며, '가르치는 장로(牧師)'와 함께 교회의 방향을 정하고 성도들을 돌보는 중요한 직분이다. 이 직분은 매우 영광스럽지만, 그만큼 막중한 책임감을 요구한다. 성경은 장로와 관련하여 몇 가지 도덕적 의무와 책임을 설명한다. 첫째, 장로는 교회 내에서 일어나는 분쟁을 해결하도록 도와야 한다. "어떤 사람들이 유대로부터 내려와서 형제들을 가르치되 너희가 모세의 법대로 할례를 받지 아니하면 능히 구원을 받지 못하리라 하니, 바울 및 바나바와 그들 사이에 적지 아니한 다툼과 변론이 일어난지라 형제들이 이 문제에 대하여 바울과 바나바와 및 그중의 몇 사람을 예루살렘에 있는 사도와 장로들에게 보내기로 작정하니라"(행15:1~2). 교회 내에서 문제가 제기되고 강한 논쟁이 벌어지면, 사도들과 장로들에게 결정권이 맡겨진다.

둘째, 장로는 아픈 자들을 위해 기도해야 한다. "너희 중에 병든 자가 있느냐 그는 교회의 장로들을 청할 것이요 그들은 주의 이름으로 기름을 바르며 그를 위하여 기도할지니라"(약5:14). 성경적 자격을 갖춘 장로는 경건한 생활을 해야 한다. 성경은 "의인의 간구는 역사하는 힘이 크다"(약5:16)고 말한다. 기도에 있어서 필수적인 것은 주님의 뜻이 이루어지도록 기도하는 것이며, 장로들이 이러한 일을 해야 한다. 셋째, 장로는 겸손하게 교회를 돌봐야 한다. "너희 중 장로들에게 권하노니 나는 함께 장로 된 자요 그리스도의 고난의 증인이요 나타날 영광에 참여할 자니라. 너희 중에 있는 하나님의 양 무리를 치되 억지로 하지 말고 하나님의 뜻을 따라 자원함으로 하며 더러운 이득을 위하여 하지 말고 기꺼이 하며, 맡은 자들에게 주장하는 자세로 하지 말고 양 무리의 본이 되라"(벧전5:1~3). 장로는 하나님에 의해 교회의 지도자로 세워진 자이며, 성도들은 장로에게 맡겨졌다. 장로는 재정적 이익이 아닌 성도들을 섬기고 돌보려는 마음으로 교회를 이끌어가야 한다.

넷째, 장로는 성도들의 영적인 삶을 보호해야 한다. "너희를 인도하는 자들에게 순종하고 복종하라 그들은 너희 영혼을 위하여 경성하기를 자신들이 청산할 자인 것같이 하느니라 그들로 하여금 즐거움으로 이것을 하게 하고 근심으로 하게 하지 말라 그렇지 않으면 너희에게 유익이 없느니라"(히13:17). 이 구절은 특정적으로 '장로'를 언급하지는 않지만, 문맥상 교회의 지도자들에 관한 구절이다. 그들에게는 교회의 영적 삶에 대한 책임이 있다.

다섯째, 장로는 기도하고 말씀을 가르치는 데 힘써야 한다. "열두 사도가 모든 제자를 불러 이르되 우리가 하나님의 말씀을 제쳐 놓고 접대를 일삼는 것이 마땅하지 아니하니, 형제들아 너희 가운데서 성령과 지혜가 충만하여 칭찬받는 사람 일곱을 택하라 우리가 이 일을 그들에게 맡기고, 우리는 오로지 기도하는 일과 말씀 사역에 힘쓰리라"(행6:2~4). 이 말씀은 사도들을 위한 것(벧5:1 참고)이며, 장로들을 위한 것임을 알 수 있다. 장로들은 중재자, 기도의 용사, 교사, 본本이 되는 지도자, 그리고 결정권자가 되어야 한다. 장로들은 말씀을 전하고 가르치는 교회의 지도자들이다. 장로직은 누구나 사모해야 할 직분이지만, 가볍게 받아들여서는 안 될 직분이다. "너희는 선생 된 우리가 더 큰 심판을 받을 줄 알고 선생이 많이 되지 말라"(약3:1).

장로의 의무는 목사와 협력하여 교회 행정과 성도들을 영적으로 돌보며, 모범적인 신앙생활을 하는 것이다. 구체적으로 교회 분쟁 해결, 환자를 위한 기도, 재산 관리, 심방, 절제된 생활, 근면과 나눔 실천 등을 통해 교회의 질서 유지와 영적 건강을 책임지는 중요한 역할이다. 성도들의 믿음 생활을 지도하고 격려하며, 연약한 자들을 돌아본다. 아픈 성도들을 위해 기도하고 심방한다. 교회 운영에 있어서 합리적이고 원칙에 맞게 관리한다. 물질에 탐욕을 갖지 않고, 가난한 이웃을 돕는 너그러움을 실천한다. 십일조를 이행하는 등 성경적 의무를 다한다. 즉, 장로는 교회의 교육자로서 바른 신앙을 가르친다. 장로는 단순히 직분이 아니라 교회의 건강과 성장을 책임지는 종이다. 영적인 지도력과 모범적인 삶, 그리고 실질적인 섬김을 통해 교회를 세워나가는 중요한 책무가 있다.

교회 집사의 책무는 무엇인가?

교회 집사는 섬김과 봉사에 중점을 두는 직분이다. 교회의 행정, 재정, 구제 등 물리적, 물질적 필요를 돌보고, 목회자가 말씀과 기도에 집중할 수 있도록 돕는 실무적인 역할을 감당한다. 성경적 자격으로는 정숙하고, 일구이언하지 않으며, 술과 탐욕을 멀리하고, 가정과 언행에 모범을 보이며, 충성되게 섬기는 것이 요구된다. 구제와 행정, 건물 관리 등 교회의 다양한 살림을 담당한다. 집사는 흠 없고, 정직하며, 절제할 줄 알고, 특히 물질에 대한 청렴함과 가정생활의 모범을 보여야 한다.

성경에서 집사(deacon)는 헬라어 디아코노스($\delta\iota\acute{\alpha}\kappa o\nu o\varsigma$)로, 이는 '종(servant)', '수종자(attendant)', '섬기는 자(minister)', '조수(helper)', '일꾼(worker)' 등의 뜻을 가진 단어다. 단순히 교회 직분뿐 아니라 일반적인 섬김의 봉사자를 의미하기도 한다. 주인에게 유익하게 집안일을 돌보는 사람에서 유래했으며, 초대교회에서 말씀과 구제를 담당하는 직분으로 발전했다. 디아코노스는 '먼지를 통하여(through dust)'라는 어원에서 왔다고 추정되며, 주인을 위해 열심히 일하는 종, 조수, 시중드는 사람을 뜻한다. 이 단어로부터 영어 단어 'deacon(집사)'이 유래되었다.

성경에서 집사라는 단어를 처음으로 볼 수 있는 곳은 사도행전에서 교회를 돕는 자들과 관련하여 언급한 부분이다. "열두 사도가 모든 제자를 불러 이르되 우리가 하나님의 말씀을 제쳐 놓고 접대를 일삼는 것이 마땅하지 아니하니"(행6:2). 말씀과 가르침으로 성도들을 양육하던 사람들은 자기들이 접대하는 일을 하는 것이 마땅치 않다는 것을 깨닫는다. 그러한 일을 기쁜 마음으로 섬기고자 하는 자들을 찾아 자기들이 영적 필요를 섬기는 동안 그들로 하여금 교회의 육체적 필요를 돕게 했다. 이는 자원을 더 잘 사용하며 모든 사람의 은사를 더 잘 활용하는 것이었다. 또한 더 많은 사람들이 섬김에 참여하고 서로를 도울 수 있도록 했다.

로마서 16장 1절은 겐그리아 교회의 디아코노스(일꾼, 봉사자) 뵈뵈를 소개한다. 사도행전 6장에 언급된 '일곱 집사'처럼 교회의 재정 및 구제 등 봉사를 맡은 공식 직분으로 세워졌다. 집사 직분은 하나님교회의 명령에 순종하여 유익하게 섬기는 자세를 강조한다. 성령과 지혜가 충만하고 칭찬받는 사람이어야 하며, 디모데전서 등에 자격 요건이 명시되어 있다.

오늘날 성경적 교회에 있어서 이러한 역할은 근본적으로 동일하다. 장로와 목사는 "말씀을 전파하고… 범사에 오래 참음과 가르침으로 경책하며 경계하며 권해야"(딤후4:2) 하며, 집사들은 그 외의 모든 일들을 보살펴야 한다. 집사의 책임은 행정이나 구조적인 업무, 안내, 건물 관리, 또는 교회 회계 담당자로 자원하는 것을 포함할 수 있다. 이는 교회의 필요와 그러한 일을 할 수 있는 은사를 가진 사람들에 따라 결정된다.

성경에 집사의 책임이 명확하게 명시되어 있지는 않다. 다만 장로나 목사의 의무 이외의 것들을 포함하는 것으로 추정된다. 집사의 주요 역할은 봉사 및 섬김으로 교회의 실제적이고 물질적인 필요를 채우는 데 집중한다. 안내, 건물 관리, 재정관리, 구제이며, 목회자가 영적인 사역에 전념할 수 있도록 행정 및 실무를 담당하며 돕는다. 회계, 행사 등 교회의 운영을 실질적으로 지원한다. 가난한 자, 나그네 등을 돌보고 물질적 봉사를 담당한다. 도움이 필요한 이웃과 교인들을 돌보고, 공궤를 돕는 등 섬김의 사역을 감당한다. 맡은 부서에서 시간, 능력, 정성을 다해 봉사하며 전도와 교회 성장에 적극 참여한다. 깨끗한 양심과 믿음의 비밀(福音)을 가지고 봉사하며, 가정과 삶에서 모범을 보여야 한다. 일구이언 하지 않고, 술이나 탐욕에 빠지지 않으며, 언행에 신중해야 한다.

집사의 자격은 성경에 자세히 나와 있다. "이와 같이 집사들도 단정하고 일구이언을 하지 아니하고 술에 인박이지 아니하고 더러운 이를 탐하지 아니하고, 깨끗한 양심에 믿음의 비밀을 가진 자라야 할지니, 이에 이 사람들을 먼저 시험하여 보고 그 후에 책망할 것이 없으면 집사의 직분을 하게 할 것이요. 여자들도 이와 같이 단정하고 참소하지 말며 절제하며 모든 일에 충성된 자라야 할지니라. 집사들은 한 아내의 남편이 되어 자녀와 자기 집을 잘 다스리는 자일지니, 집사의 직분을 잘한 자들은 아름다운 지위와 그리스도 예수 안에 있는 믿음에 큰 담력을 얻느니라"(딤전3:8~13). 즉, 단정하고, 두 마음을 품지 않으며, 깨끗한 양심을 가져야 하며, 한 아내의 남편으로서 자녀와 집안을 잘 다스려야 한다. 술에 빠지지 않고, 더러운 이득을 탐하지 않을 것이며, 복음에 대한 확신이 있고, 믿음의 비밀을 아는 자여야 한다. 충성되고, 신실하며, 온유하고, 모든 일에 절제할 줄 아는, 교회의 '살림'을 책임지고 목회자와 성도들을 돕는 직분이다. 자신의 삶과 언행으로 모범을 보여야 하는 봉사의 직분이다.

| 제4부 |

구원에 관한 질문

31 구원이란 무엇인가?

구원이란 일반적으로 위험한 상황이나 속박, 질병, 포로 생활 등에서 벗어나 안전하게 구출되거나 해방되는 것이다. 특히 신학적으로는 인간이 죄와 죽음의 굴레에서 벗어나 하나님의 은혜로 영원한 생명을 얻는 것을 의미한다. 기독교에서는 죄로 인해 하나님과 분리되고 죽음에 이르는 상태에서, 예수 그리스도의 십자가 죽음과 부활을 통해 죄가 용서되고, 이를 믿는 자들이 하나님의 자녀가 되어 영원한 생명을 얻는 것이 구원의 핵심이다.

즉 예수 그리스도를 통해 영원한 생명을 얻어 하나님의 나라에 들어가고, 신神적인 충만함을 얻는 것이다. 본래 상상할 수 없었던 아름다운 존재, 즉 나비가 고치에서 나오는 것처럼 새로운 피조물로 새롭게 태어나는 것을 의미한다. 구원은 인간의 노력으로 얻는 것이 아니다. 전적으로 하나님의 은혜이며 거저 주시는 선물이다. 예수 그리스도를 믿는 믿음과 죄에 대한 마음의 변화인 회개를 통해 구원을 받는다. 예수님의 이름 자체가 '주님께서 구원하신다'는 의미를 담고 있으며, 그분의 죽음과 부활을 통해 구원이 이루어진다.

대부분 '구원'이라는 단어는 영원하고 영적인 구원에 관한 것이다. 사도 바울이 빌립보 간수에게 무엇을 해야 구원받을 수 있는지를 얘기할 때, 그 간수의 영원한 운명에 대하여 말한다(행16:30~31). 예수님께서는 구원받는 것을 하나님의 나라에 들어가는 것과 동일시했다(마19:24~25). 기독교의 구원 교리에서, 우리는 "진노", 즉 하나님의 죄에 대한 심판으로부터 구원을 받는다(롬5:9, 살전5:9). 우리의 죄가 우리를 하나님으로부터 분리시켰고, 그 결과로 인하여 죽음에 이르렀다(롬6:23). 성경적인 구원은 죄의 결과로부터 우리를 구원하는 것을 말하며, 더 나아가 죄의 제거를 포함한다. 오직 하나님만이 죄를 없애시고 죄의 형벌에서 우리를 구해 내실 수 있다(딤후1:9, 딛3:5).

또한 하나님은 그리스도를 통해 우리를 구원하신다(요3:17). 특별히, 예수님이 십자가에서 죽으시고 부활하심으로 우리의 구원을 이루셨다(롬5:10, 엡1:7). 성경은 구원이 하나님의 은혜이며 거저 주시는 선물인 것(엡2:5, 8)과 오직 예수 그리스도를 믿는 믿음만을 통해 구원받을 수 있음을 분명하게 말한다(행4:12). 우리는 복음, 곧 예수님의 죽음과 부활에 대한 좋은 소식을 들어야 한다(엡1:13). 그리고 우리는 주 예수님을 온전히 믿어야 한다(롬1:16). 이것은 회개, 즉 죄와 그리스도에 대한 마음의 변화(행3:19)와 주의 이름을 부르는 것을 포함한다(롬10:9~10). 예수님은 요한복음 3장 16절에서 "하나님이 세상을 이처럼 사랑하사 독생자를 주셨으니 이는 그를 믿는 자마다 멸망하지 않고 영생을 얻게 하려 하심이라"고 선포한다.

여기에서 우리는 "나에게 구원이 왜 필요한가?" 질문해야 한다. 우리는 모두 죄에 빠져 있다(롬3:23). 우리는 죄 가운데 태어나고(시51:5), 모두 개별적으로 죄를 선택한다(전7:20, 요일1:8). 죄 때문에 우리는 구원받을 수 없다. 죄는 하나님과 우리 사이를 갈라놓는다. 죄로 인해 우리는 영원한 멸망의 길에 놓였다. 우리 모두 죄 때문에 죽어야 마땅하다(롬6:23). 죄의 물리적 결과는 육체적 죽음이지만 그것이 죄의 결과로 오는 유일한 죽음은 아니다. 모든 죄는 궁극적으로 영원하시고 무한하신 하나님을 대항해 짓는 것이다(시51:4). 따라서 우리의 죄에 대한 정당한 형벌 또한 영원하고 무한한 것이다. 우리에게 필요한 구원은 영원한 멸망에서의 구원이다(마25:46, 계20:15).

죄에 대한 공정한 형벌은 무한하며 영원하기에 오직 하나님만이 그 죄의 값을 지불하실 수 있다. 이는 오직 하나님만이 무한하고 영원하시기 때문이다. 하지만 하나님은 그분의 신성한 특성상 돌아가실 수 없다. 그래서 하나님께서는 예수 그리스도라는 인격을 입어 사람이 되셨다. 하나님은 인간의 육체를 입었고, 우리 가운데 사셨으며, 우리를 가르치셨다. 사람들이 그분과 그분의 메시지를 거부하고 죽이려 할 때, 그분은 기꺼이 십자가에 못 박히는 것을 허락하시며 우리를 위해 자신을 희생하셨다(요10:15). 예수 그리스도는 사람이셨기에 죽으실 수 있었고, 동시에 예수 그리스도는 하나님이셨기에 그분의 죽음은 영원하고 무한한 가치를 지닐 수 있었다. 십자가에서 예수님의 죽음은 우리의 죄의 값에 대한 완벽하고 온전한 지불이었다(요일2:2). 그분께서는 우리가 받아 마땅한 결과들을 담당하셨다. 죽음으로부터 예수님이 부활하신 것은, 그분의 죽음이 참으로 죄에 대한 완벽하고 충분한 희생이었다는 것을 입증한 것이다.

구원 교리를 정의하자면, "하나님의 은혜로 말미암아 하나님의 조건을 믿음으로 받는 자, 즉 회개하고 주 예수님을 믿는 믿음을 가지는 자들에게, 죄에 대한 영원한 형벌로부터의 구원이 주어지는 것"이다. 구원은 예수님 안에서만 가능하며(요14:6), 구원의 공급과 확신과 안전은 오직 하나님께 달려 있다. 누가 구원받을 수 있나? 당신이 예수 그리스도를 구세주로 영접하면 구원받을 수 있다!

구원은 오직 믿음으로 얻어지는가?

"구원은 오직 믿음으로만 얻어지는가?" 이것은 기독교 신학에서 가장 중요한 질문이다. 이 물음은 개신교와 가톨릭을 분리시킨 종교개혁이 일어난 요인이며, 기독교와 이단을 가르는 핵심이다. "구원은 오직 믿음에 의한 것인가, 아니면 그에 더해진 행위에 의한 것인가?" 기독교에서 구원은 '믿음'으로 이루어진다고 한다. 예수 그리스도를 믿음으로써 죄로부터 구원받고 영생을 얻는다는 의미다. 이 '믿음'은 단순한 생각 이상으로 하나님의 뜻대로 행하는 '행함'을 동반하는 살아 있는 믿음을 뜻한다. 구원은 행위의 결과가 아닌 은혜로 주어지는 선물이며, 믿음은 그 선물을 받는 수단이며 구원받은 자의 삶의 결과로 나타나는 것이다.

구원이 무엇인가? 죄의 권세와 그로 인한 영원한 형벌에서 벗어나는 것이다. 아담의 불순종으로 깨어진 하나님과의 관계를 예수 그리스도의 대속을 믿음으로써 회복하는 것이다. 죄의 결핍과 불안에서 벗어나 하나님 안에서 환대와 공영의 삶을 사는 것이다. 믿음이란 무엇인가? 예수님이 하나님의 아들이시며, 인류의 죄를 위해 십자가에 못 박혀 죽으시고 부활하셨음을 믿는 것이다. 교리적 지식이 아닌, 하나님을 인격적으로 만나고 주님으로 모시는 관계를 맺는 것이다. 참된 믿음은 단순히 생각만이 아니라 하나님의 뜻에 순종하고 그 진리의 삶을 사는 것이다.

다시 말해, 십자가에서 인류의 죄를 대속하고 부활하신 예수님을 믿고 의지하는 것이 핵심이다. "네가 만일 네 입으로 예수를 주로 시인하며 또 하나님께서 그를 죽은 자 가운데서 살리신 것을 네 마음에 믿으면 구원을 얻으리니, 사람이 마음으로 믿어 의에 이르고 입으로 시인하여 구원에 이르느니"(롬10:9~10)라고 한다. 성경이 말하는 믿음은 '하나님을 인정하는 것'을 넘어, 삶의 변화와 순종을 동반하는 적극적인 신뢰다. 야고보서 등에서 행함이 없는 믿음은 죽은 믿음이라고 강조하며, 참된 믿음은 반드시 행함으로 증거된다고 가르친다. 구원은 오직 믿음으로 받지만, 그 믿음은 반드시 살아 역사하여 삶 속에서 열매를 맺는 온전한 믿음이어야 한다.

"오직 믿음인가 아니면 믿음과 그에 더해진 행위인가"의 문제는 일부 조화되기 어려운 성경 구절들 때문에 더 어렵게 느껴진다. 바울의 오직 믿음으로만 얻는 구원과 야고보의 믿음과 행위로 얻는 구원의 차이를 볼 수 있다. 바울은 오직 믿음에 의해 의롭게 된다고 하며, "너희가 그 은혜를 인하여 믿음으로 말미암아 구원을 얻었나니 이것이 너희에게서 난 것이 아니요 하나님의 선물이라. 행위에서 난 것이 아니니 이는 누구든지 자랑치 못하게 함이니라"(엡2:8~9)고 말한다. 그러나 야고보는 믿음과 그에 더해진 행위에 의해서 의롭게 된다고 말하는 것처럼 보인다. "이로 보건대 사람이 행함으로 의롭다 하심을 받고 믿음으로만 아니니라"(약 2:24).

이 문제는 야고보가 정확히 무엇을 말하고 있는지 검토해 보면 알 수 있다. 야고보는 선행으로 나타나지 않는 믿음에 대해 반박하고 있다. "이와 같이 행함이 없는 믿음은 그 자체가 죽은 것이라. 어떤 사람은 말하기를 너는 믿음이 있고 나는 행함이 있으니 행함이 없는 네 믿음을 내게 보이라 나는 행함으로 내 믿음을 네게 보이리라"(약2:17~18). 야고보는 그리스도를 믿는 진정한 믿음에는 변화된 삶과 선한 행위들이 따른다는 사실을 강조한다(약2:20~26). 의롭게 되는 것은 믿음과 행위로 되는 것이 아니라, 믿음으로 진정 의롭게 된 자는 삶에 있어 선한 열매를 맺을 것이라고 말하는 것이다. 어떤 사람이 그리스도인이라고 주장하면서도 삶에 선행이 없다면 그 사람은 아마 그리스도를 진정으로 믿는 게 아닐 것이다. "내 형제들아 만일 사람이 믿음이 있노라 하고 행함이 없으면 무슨 이익이 있으리요 그 믿음이 능히 자기를 구원하겠느냐. 이와 같이 행함이 없는 믿음은 그 자체가 죽은 것이라. 아아 허탄한 사람아 행함이 없는 믿음이 헛것인 줄 알고자 하느냐. 영혼 없는 몸이 죽은 것같이 행함이 없는 믿음은 죽은 것이니라"(약2:14, 17, 20, 26)라고 야고보는 강조한다.

바울도 갈라디아서에서 삶에서 맺어야 하는 좋은 열매들을 말하고 있다. "오직 성령의 열매는 사랑과 희락과 화평과 오래 참음과 자비와 양선과 충성과 온유와 절제니 이같은 것을 금지할 법이 없느니라"(갈5:22~23)라고 한다. 바울은 믿는 자들이 행위가 아닌 믿음에 의해 구원받았음을 말한 후에, 우리가 선한 일들을 위해 창조되었다고 강조한다. "너희가 그 은혜를 인하여 믿음으로 말미암아 구원을 얻었나니 이것이 너희에게서 난 것이 아니요 하나님의 선물이라, 행위에서 난 것이 아니니 이는 누구든지 자랑치 못하게 함이니라. 우리는 그의 만드신 바라 그리스도 예수 안에서 선한 일을 위하여 지으심을 받은 자니 이 일은 하나님이 전에 예비하사 우리로 그 가운데서 행하게 하려 하심이니라"
(엡2:8~10).

　바울도 야고보만큼이나 변화된 삶을 기대한다. "그런즉 누구든지 그리스도 안에 있으면 새로운 피조물이라 이전 것은 지나갔으니 보라 새것이 되었도다"(고후5:17). 야고보와 바울은 구원에 관해 서로 다른 주장을 하는 것이 아니다. 그들은 같은 주제를 다른 시각으로 말하는 것이다. 야고보가 그리스도에 대한 진정한 믿음이 선한 행위를 맺는 것을 강조했다면, 바울은 오직 믿음에 의해 의롭게 된다고 강조한다. 구원과 믿음은 기독교의 핵심이다. 믿음이 있어야 구원을 얻을 수 있으며, 단순히 머리로 아는 것을 넘어 예수 그리스도를 구원자이자 주님으로 영접하고, 그를 따르는 순종을 포함하는 인격적이고 역동적인 관계다. 믿음은 구원을 가능하게 하는 필수 조건이며, 그 믿음의 본질은 예수 그리스도를 주인으로 영접하고 그분 뜻대로 살아가는 전인격적인 헌신과 순종을 포함한다.

33 구원의 길이란 무엇인가?

'구원의 길'이란 기독교 신앙에서 예수 그리스도를 통해 죄와 사망에서 벗어나 하나님과의 관계를 회복하고 영생을 얻는 유일한 방법을 말한다. 이는 예수님의 십자가 죽음과 부활을 믿고 따르는 삶을 통해 이루어진다고 설명할 수 있다. 이 길은 다른 종교나 철학이 아닌, 오직 예수 그리스도만이 열어주셨으며, 믿음을 통해 현재 구원을 얻고 미래의 영원한 생명으로 나아가는 과정이다.

허기를 느끼시는가? 육체적 배고픔이 아닌, 삶 가운데서 뭔가를 더 바라는 갈망이 있으신가? 당신의 마음속 깊은 곳에 결코 만족스럽지 못한 무엇인가가 존재하는가? 그렇다면, 해답은 예수님이다. 예수님은 말씀하신다. "나는 생명의 떡이니 내게 오는 자는 결코 주리지 아니할 터이요 나를 믿는 자는 영원히 목마르지 아니하리라"(요6:35). 혼란스러운가? 인생의 목적이나 방향을 찾을 수 없는가? 어둠 속에 갇혀 스위치를 찾아 더듬는 것처럼 느껴지는가? 그렇다면 예수님이 바로 구원의 길이다. "나는 세상의 빛이니 나를 따르는 자는 어둠에 다니지 아니하고 생명의 빛을 얻으리라"(요8:12).

인생이 사방으로 막힌 것 같을 때가 있는가? 많은 문들을 열어보려고 했지만, 그 문들 너머에 허무하고 의미 없는 것들만 발견하셨는가? 풍성한 삶으로 인도하는 입구를 찾고 계신가? 그렇다면 당신이 찾는 구원의 길은 바로 예수님이다! "내가 문이니 누구든지 나로 말미암아 들어가면 구원을 받고 또는 들어가며 나오며 꼴을 얻으리라"(요10:9).

항상 다른 사람들한테 실망하시는가? 인간관계가 피상적이기만 하고 허무하다고 느끼진 않으시는가? 모든 사람이 당신을 이용하는 것처럼 느껴지시는가? 그렇다면 예수님이 바로 해답이다! "나는 선한 목자라 선한 목자는 양들을 위하여 목숨을 버리거니와, 나는 선한 목자라 내가 내 양을 알고 양도 나를 아는 것이"(요10:11, 14).

죽음 후에 무슨 일이 일어날지 궁금하신가? 결국 썩거나 부패하고 말 것들을 위해 사는 삶에 지치셨는가? 가끔 삶의 의미가 무엇인지 의심스러운가? 죽음 뒤에도 살기를 원하시는가? 그렇다면 예수님이 바로 구원의 길이다! 예수님은 이렇게 선포하신다. "나는 부활이요 생명이니 나를 믿는 자는 죽어도 살겠고 무릇 살아서 나를 믿는 자는 영원히 죽지 아니하리니"(요11:25~26).

어디로 가야 길인가? 무엇이 진리인가? 어떤 게 생명인가? 이 많은 질문에 예수님은 대답하신다. "내가 곧 길이요 진리요 생명이니 나로 말미암지 않고는 아버지께로 올 자가 없느니라"(요14:6). 당신이 느끼는 배고픔은 영적인 배고픔이다. 그것은 오직 예수님만으로 채워질 수 있다. 예수님만이 어둠을 걷어낼 수 있는 유일한 분이다. 예수님만이 만족스러운 삶으로 인도하는 문이다. 예수님이야말로 바로 당신이 찾고 있는 친구이며 목자이다. 예수님만이 이 세상과 다음 세상을 아울러 생명이 되신다. 예수님이 바로 구원의 길이다!

당신이 굶주림을 느끼고, 어둠 속에서 길을 잃은 것 같고, 인생의 의미를 찾을 수 없는 이유는 하나님으로부터 분리되어 있기 때문이다. 성경은 우리 모두가 죄를 지어 하나님으로부터 분리되었다고 말한다(전7:20, 롬3:23). 당신이 마음속에서 공허함을 느끼는 이유는 당신의 삶에 하나님이 빠져 있기 때문이다. 우리는 하나님과 교제하기 위해 창조되었다. 그러나 우리는 우리의 죄 때문에 하나님과의 관계에서 분리되었다. 더 나쁜 소식은 우리의 죄가 현재의 삶과 다음의 삶까지도 하나님으로부터 영원히 우리를 분리시킬 것이라는 사실이다(롬6:23, 요3:36).

이 문제를 어떻게 해결할 수 있을까? 예수님이 바로 구원의 길이다! 예수님은 우리의 죄를 친히 짊어지셨다. "하나님이 죄를 알지도 못하신 이를 우리를 대신하여 죄로 삼으신 것은 우리로 하여금 그 안에서 하나님의 의가 되게 하려 하심이라"(고후5:21). 예수님은 우리를 대신해 돌아가셨다(롬5:8). 그리고 삼일 후, 예수님은 죽음에서 부활하심으로 죄와 죽음에 대한 그의 승리를 입증하셨다(롬6:4~5). 왜 그러셨을까? 예수님은 이 질문에 직접 이렇게 답하셨다. "사람이 친구를 위하여 자기 목숨을 버리면 이보다 더 큰 사랑이 없나니"(요15:13). 예수님의 죽음으로 인해 우리가 살 수 있게 되었다. 예수님의 죽음이 우리의 죗값을 지불했다는 사실을 신뢰하며 예수님을 믿는다면, 우리의 모든 죄는 용서받고 깨끗하게 된다. 그러면 우리의 영적 굶주림은 채워질 것이다. 빛이 밝혀질 것이다. 충만한 삶을 살 수 있게 될 것이다. 우리는 가장 좋은 참된 친구이며 선한 목자인 그분을 알게 될 것이다. 우리가 죽은 뒤에도 천국에서 예수님

과 영원히 함께하는 부활의 삶을 누린다는 것을 알게 될 것이다! "하나
님이 세상을 이처럼 사랑하사 독생자를 주셨으니 이는 그를 믿는 자마다
멸망하지 않고 영생을 얻게 하려 하심이라"(요3:16).

즉, '구원의 길'은 죄와 사망, 고난에서 벗어나 하나님과의 관계를 회
복하고 영원한 생명에 이르는 길을 의미한다. 기독교에서는 예수 그리스
도가 그에 이르는 유일한 열쇠이다. 이는 단순히 인간의 노력으로 이룰
수 없고, 죄를 인정하고(Admit), 예수님을 믿으며(Believe), 그 믿음을 고
백(Confess)하고 따르는 과정을 통해 이루어진다.

한번 받은 구원은 영원한가?

기독교 신학에서 한번 받은 구원이 취소되지 않고 영원히 지속되는가에 대한 질문이 나오곤 한다. 믿음으로 얻은 구원은 하나님의 은혜로 완전하며 취소될 수 없다는 칼뱅주의 관점이 있다. 믿음을 저버리는 배교 행위 시 구원이 취소될 수 있다는 알미니안주의 관점도 있다. 이는 성경의 가르침과 신앙적 경험에 기반한 중요한 주제이다. 영생은 하나님과 그리스도를 아는 영원한 교제를 의미하며, 구원은 죄로부터의 해방, 영원한 생명, 성화聖化의 과정을 포함한다.

칼뱅주의 계열에서는 '구원은 영원하다'라고 주장한다. 하나님의 자녀가 된 관계는 끊을 수 없으며, 구원은 하나님의 능력으로 보호받기 때문에 취소되지 않는다고 본다. 예수 그리스도의 십자가와 부활로 죄 문제가 완전히 해결되었기 때문에 믿는 자의 구원은 안전하다. 그러나 알미니안주의 계열에서는 '구원은 취소될 수 있다'라고 본다. 거듭난 자라도 고의적으로 성령을 모독하고 배교하는 행위를 할 경우 구원이 취소될 수 있다고 본다. 구원의 확신은 있지만, 끝까지 믿음을 지키지 않으면 잃어버릴 수 있다고 주장한다.

사람들이 그리스도를 자신의 구주로 알게 될 때, 안전하게 구원을 보장하시는 하나님과 관계를 맺게 된다. 성경의 많은 구절이 이 사실을 표명한다. 첫째로, 로마서 8장 30절은 "또 미리 정하신 그들을 또한 부르시고 부르신 그들을 또한 의롭다 하시고 의롭다 하신 그들을 또한 영화롭게 하셨느니라"라고 선언한다. 이 구절은 하나님이 우리를 택하신 순간부터 우리가 천국에서 그분의 임재 앞에 영화롭게 된 것과 마찬가지라고 말한다. 믿는 자들이 어느 날 영화롭게 되는 것을 막을 수 있는 건 없다. 이미 하나님이 하늘에서 그렇게 의도하셨기 때문이다. 사람이 한번 의롭게 되면 그의 구원은 보장된다. 그는 천국에서 이미 영화롭게 된 것처럼 안전하다.

둘째, 로마서 8장 33~34절에서 바울은 두 가지 중요한 질문을 한다. "누가 능히 하나님께서 택하신 자들을 고발하리요 의롭다 하신 이는 하나님이시니 누가 정죄하리요 죽으실 뿐 아니라 다시 살아나신 이는 그리스도 예수시니 그는 하나님 우편에 계신 자요 우리를 위하여 간구하시는 자시니라." 누가 하나님께 택함을 받은 자들을 고발하겠는가? 아무도 할 수 없다. 그리스도께서 우리의 대변자이시기 때문이다. 누가 우리를 정죄하겠는가? 누구도 못 할 것이다. 우리를 위해 죽으신 그리스도만이 죄를 정죄하는 분이시기 때문이다. 우리에게는 대변자이자 심판자이신 그리스도께서 우리의 구세주로 계신다.

셋째, 신자들은 믿음을 가질 때 거듭난다(요3:3, 딛3:5). 크리스천이 구원을 잃으려면 거듭남이 취소되어야 한다. 하지만 성경은 새로운 출생이 박탈될 수 있다는 증거를 제시하지 않는다. 넷째, 성령님은 모든 믿는 자들 안에 내주하시고(요14:17, 롬8:9), 그들에게 세례를 베풀어 그리스도의 몸된 지체가 되게 하신다(고전12:13). 구원받은 신자가 구원을 잃는다면, 성령께서 그 사람에게 "거하지 않으시고" 그는 그리스도의 몸으로부터 떨어져 나가야 한다.

다섯째, 요한복음 3장 15절은 예수 그리스도를 믿는 자마다 "영생을 얻을 것"이라고 말한다. 만일 당신이 오늘 그리스도를 믿고 영생을 얻었는데 내일 영생을 잃어버린다면, 그것은 전혀 '영원한' 것이 아니었을 것이다. 그러므로 당신이 구원을 잃는다면, 성경에 있는 영생에 대한 약속들은 잘못된 것이 된다. 여섯째, 성경이 구원의 영원한 보장을 잘 알려준다. "내가 확신하노니 사망이나 생명이나 천사들이나 권세자들이나 현재 일이나 장래 일이나 능력이나 높음이나 깊음이나 다른 어떤 피조물이라도 우리를 우리 주 그리스도 예수 안에 있는 하나님의 사랑에서 끊을 수 없으리라"(롬8:38~39). 우리를 구원하신 하나님과 우리를 지켜주실 하나님은 동일하신 분이라는 사실이다. 한번 구원은 영원한 구원이다. 우리의 구원은 확실하게 영원히 보장된다.

구원(Salvation)은 죄와 사망, 악으로부터의 해방과 보호, 영생, 성화, 치유와 평안 등을 포괄한다. 영생(永生, Eternal Life)은 단순히 긴 시간이 아니라, 하나님과 그리스도를 알고 영원히 교제하는 상태를 의미하며, 이는 구원의 결과이다. 논쟁의 핵심은 구원의 시작 시점, 일생 끝, 성화의 어느 시점, 믿기로 작정한 순간 등 다양한 시각이 존재한다. 믿음으로 얻은 구원의 완전함, 인간의 배교로 인한 구원 취소 가능성 사이의 해석 차이로 논쟁이 발생한다. '구원의 영원성'은 "한번 구원받은 사람은 영원히 구원받은 상태로 있는가"에 대한 신학적 질문이며, 이는 성경 해석과 신앙적 경험에 따라 입장이 나뉜다.

　"한번 받은 구원은 영원한가?"라는 질문은 기독교 신학의 중요한 논쟁 주제이다. 성경적 관점에서는 한번 구원받은 자는 영원히 구원받는다. 인간의 자유의지로 믿음을 저버리거나 배교를 할 경우 구원을 잃을 수 있다고 보며, 성화의 중요성을 강조한다. 대다수의 보수적인 개신교 교단과 신학자들은 "한번 받은 구원은 영원하다"라는 입장을 지지하며 구원의 확신을 강조한다.

구원의 확신을 얻는 방법은 무엇인가?

구원의 확신은 예수 그리스도를 주님으로 믿고 입으로 시인하며, 성령의 인도하심을 따라 죄를 회개하고 하나님께 돌아서는 믿음에서 비롯된다. 자신의 감정이나 행위가 아닌, 하나님의 은혜와 약속에 근거하며 성경을 통해 확신을 얻고, 성령이 내 안에 계심을 믿음으로 확증받는 것이다. 구원의 확신 근거는 예수 그리스도의 십자가와 부활에 대한 하나님의 약속, 즉 성경의 객관적인 진리에 있다. 이는 주님께서 나를 붙드신다는 믿음이며, 성령의 역사로 마음의 변화를 경험하고, 말씀을 깨닫고, 기도 응답을 통해 주어지는 하나님의 은혜에 의지하는 것이다.

예수님을 따르는 많은 사람들이 그릇된 방법으로 구원의 확신을 찾는다. 기독교적인 삶에서 뚜렷이 드러나는 삶 가운데 하나님께서 행하신 일들, 우리의 영적 성장, 선행들 및 하나님의 말씀에 순종함에서 구원의 확신을 찾으려는 경향이 있다. 이러한 것들이 구원의 증거는 될 수 있다. 그러나 이것을 구원 확신의 기반으로 삼아서는 안 된다. 오히려 하나님 말씀의 객관적인 진리 안에서 구원의 확신을 찾아야 한다. 우리의 주관적인 경험 때문이 아니라 하나님께서 공표하신 약속에 근거해서 구원받았다는 사실을 확실하게 신뢰해야 한다.

어떻게 구원의 확신을 가질 수 있을까? "또 증거는 이것이니 하나님이 우리에게 영생을 주신 것과 이 생명이 그의 아들 안에 있는 그것이니라. 아들이 있는 자에게는 생명이 있고 하나님의 아들이 없는 자에게는 생명이 없느니라. 내가 하나님의 아들의 이름을 믿는 너희에게 이것을 쓰는 것은 너희로 하여금 너희에게 영생이 있음을 알게 하려 함이라"(요일 5:11~13). 아들이 있는 자가 누구인가? "영접하는 자 곧 그 이름을 믿는 자들에게는 하나님의 자녀가 되는 권세를 주셨으니"(요1:12). 아들이 있는 자는 아들을 신뢰하는 자이다.

하나님은 우리가 구원의 확신 갖기를 원하신다. 그리스도인의 삶을 살면서 진정으로 구원을 받았는지 아닌지를 매일 궁금해하고 염려하면서 살아서는 안 된다. 이것이 성경이 구원의 계획을 분명하게 세운 이유다 (요3:16, 행16:31). "네가 만일 네 입으로 예수를 주로 시인하며 또 하나님께서 그를 죽은 자 가운데서 살리신 것을 네 마음에 믿으면 구원을 받으리라"(롬10:9). 당신은 회개했는가? 당신은 예수님께서 당신 죄에 대한 형벌을 대신 치르기 위해 죽으셨고 죽은 자 가운데서 다시 살아나셨다는 사실을 믿는가?(롬5:8, 고후5:21). 당신은 구원받기 위해 오로지 그분만을 의지하는가? 이러한 질문에 대해 당신이 "네"라고 한다면, 당신은 구원을 받았다. 확신은 의심으로부터의 자유를 뜻한다. 하나님 말씀을 진정으로 받아들이면 영원히 구원받았다는 사실에 대해 전혀 의심할 수 없을 것이다.

예수님께서는 친히 그분을 믿는 자들에게 확실히 말씀하신다. "내가 그들에게 영생을 주노니 영원히 멸망하지 아니할 것이요 또 그들을 내 손에서 빼앗을 자가 없느니라. 그들을 주신 내 아버지는 만물보다 크시매 아무도 아버지 손에서 빼앗을 수 없느니라"(요10:28~29). 영생은 말 그대로 영원한 것이다. 심지어 당신 자신을 포함해서 그 누구도 하나님께서 그리스도를 통해 당신에게 주신 구원의 선물을 빼앗을 수 없다. 우리는 주께 범죄하지 않으려고 주의 말씀을 우리 마음에 둔다(시119:11). 주를 향한 범죄 중에는 의심의 죄가 포함된다. 하나님의 말씀이 당신에게 하는 말씀 안에서 기뻐하면, 의심하는 대신에 확신을 가지고 살 수 있다. 우리의 구원에 대해 의심의 여지가 없다는 그리스도의 직접적인 말씀으로부터 확신을 가질 수 있다. 구원에 대한 확신은 예수 그리스도를 통하여 하나님께서 우리에게 주신 완전하고 온전한 구원에 근거한다.

구원을 확신하는 구체적인 방법은 예수 그리스도를 믿고 시인하는 것이다. 예수님이 나의 죄를 위해 죽으시고 부활하셨음을 마음으로 믿고, 예수님을 '주님'으로 입으로 고백하며 삶의 주인으로 영접하는 것이다. 성령이 우리를 깨우쳐 죄를 깨닫게 하시고, 은혜를 사모하며 성령의 인도를 구하는 것이 구원의 확신을 준다. 죄를 깨달은 후에는 단순히 후회하는 것을 넘어, 삶의 방향을 하나님께로 돌이켜야 한다. "그러므로 너희가 회개하고 돌이켜 너희 죄 없이 함을 받으라 이같이 하면 유쾌하게 되는 날이 주 앞으로부터 이를 것이요"(행3:19). 예수님이 우리 죄를 위해 십자가에 죽으시고 부활하셨다는 성경의 약속을 믿는 것이 핵심이다(롬10:9~10). 자신의 느낌이나 경험이 아닌, 성경에 기록된 하나님의 약속을 믿는 것이 중요하다.

구원은 행위가 아닌 전적인 하나님의 은혜다. 자신의 연약함에도 불구하고 하나님께서 사랑하시고 구원하신 은혜가 변하지 않음을 신뢰해야 한다. 주의할 점은 자신의 감정, 행위, 경험에만 근거한 확신은 변할 수 있어 위험하다. 이를테면 '내가 이렇게 열심히 믿으니 구원받았다'라는 생각이다. 율법을 지키는 행위가 구원의 조건이 아님을 알아야 한다. 의심이 전혀 없는 상태를 교만으로 볼 수 있으며, 때로는 의심이 하나님을 더 의지하게 하는 계기도 된다. 구원의 확신은 "내가 얼마나 잘 믿는가?"가 아니라 "나를 붙드시는 예수님을 얼마나 신뢰하는가?"에 달려 있다. 자신의 신앙생활이나 선행, 혹은 구원받은 날짜에 너무 의존하면 흔들릴 수 있다. 구원의 확신이 흔들릴 때, 의심 자체를 죄로 여기기보다 자신을 돌아보고 더욱 하나님을 의지하는 계기로 삼아야 한다.

36 구원의 단계란 무엇인가?

구원의 단계, 혹은 구원의 서정은 기독교 신학에서 구원의 과정이 논리적으로 이루어지는 순서를 의미한다. 일반적으로 소명(召命, 부르심), 중생重生, 회심悔心, 믿음信仰, 칭의稱義, 양자養子, 성화聖化, 견인堅忍, 영화榮華의 9단계로 설명된다. 핵심은 예수 그리스도를 믿음으로써 죄의 권세와 결과로부터 구원을 얻는 것이다. 과거(죄의 대가 구원), 현재(죄의 권세로부터 구원), 미래(죄의 존재로부터 구원)의 세 시제로 나누어 설명하기도 한다. 이는 시간적 순서라기보다는 구원 사건의 논리적 단계다.

많은 사람들은 '구원의 단계'를 찾는다. 사람들은 그대로 따르기만 하면 구원을 가져다주는 지침서 같은 것들을 좋아한다. 이슬람에는 '다섯 기둥'이 있다. 이슬람에 따르면, 이 다섯 기둥에 복종하면 구원이 주어진다. 로마 가톨릭에는 일곱 가지 성례가 있다. 여러 기독교 교파들은 세례(浸禮), 대중 앞에서의 고백, 죄에서 돌이킴(悔改), 방언 등을 구원으로 인도하는 단계로 추가한다. 하지만 성경은 구원을 위해 오직 한 가지만을 제시한다. 간수 빌립보가 바울에게 "구원받기 위해 내가 무엇을 해야 합니까?"라고 물었을 때 바울이 답한다. "주 예수를 믿으라 그리하면 너와 네 집이 구원을 받으리라"(행16:30~31).

　예수 그리스도를 구세주로 믿는 것만이 구원의 유일한 '단계'이다. 성경의 메시지는 분명하다. 인간 모두는 하나님께 죄를 범했다(롬3:23). 죄로 인해 우리는 하나님과 영원히 분리되는 것이 마땅하다(롬6:23). 하지만 우리를 향한 하나님의 사랑 때문에(요3:16), 하나님은 사람의 모양을 취하시고 우리가 받아 마땅한 형벌을 짊어지고 우리를 대신해 죽으셨다(롬5:8, 고후5:21). 하나님은 믿음을 통한 은혜로 예수 그리스도를 구원자로 영접한 모든 사람에게 죄 사함과 천국에서의 영생을 약속하신다(요1:12, 3:16, 5:24, 행16:31).

　구원이란 우리가 구원받기 위해 따라야 하는 단계를 말하는 것이 아니다. 물론 기독교인들은 세례받아야 한다. 공개적으로 그리스도를 구세주로 고백해야 한다. 그리스도인들은 죄로부터 돌이켜야 한다. 그리스도인들은 그들의 삶을 헌신해 하나님께 순종해야 한다. 그러나 이런 것들은 구원을 위한 단계가 아닌 구원의 결과다. 어떤 의미에서 보면, 사실 우리는 죄 때문에 구원받을 수 없다. 우리가 1,000개의 단계를 따른다고 해도 부족할 것이다. 그렇기 때문에 예수님께서 우리를 대신해 돌아가셔야만 했다. 우리는 하나님께 우리의 죄의 값을 지불하거나 스스로를 깨끗하게 할 능력이 전혀 없다. 오직 하나님만이 우리의 구원을 이루실 수 있다. 그래서 하나님은 그렇게 하셨다. 하나님은 친히 '단계들'을 완성하셨고, 모든 사람에게 구원을 주신다. 구원과 죄 사함은 단계를 따르는 것에 관한 것이 아니다. 그리스도를 구세주로 영접하는 것과 그분께서 우리를 위해 하신 모든 일을 인식하는 것에 관한 것이다. 하나님은 우리에게 오직 한 단계만을 요구하신다. 그것은 바로 예수님을 구세주로 영접하고, 구원의 길로 오직 그분, 한 분만을 온전히 신뢰하는 것이다. 이것이 기독교 신앙을 구원받는 단계들을 가진 세상의 모든 다른 종교와 구별할 수 있는 점이다. 기독교 신앙은 하나님이 이미 그 단계들을 완성하셨고, 하나님이 단지 믿음으로 그분을 영접하면 된다고 우리를 부르신다는 사실을 인식하는 것이다.

'구원의 서정(序程, Ordo salutis)'은 장로교 신학에서 성도가 구원받는 연속적이고 논리적인 단계들을 말한다. 이는 시간 순서가 아닌 논리적 순서로, 하나님의 은혜로 시작되어 마지막 영화에 이르는 구원의 전체 과정을 체계적으로 설명하는 개념이다. 주요 구원의 단계는 다음과 같다. ①소명(Calling)은 하나님께서 성령을 통해 개인을 구원으로 부르시는 단계다. ②중생(Regeneration)은 성령으로 말미암아 거듭나 새로운 생명을 얻는 영적 변화, 즉 거듭나는 경험의 단계다. ③회심(Conversion)은 죄에서 돌아서서 하나님을 향해 마음을 돌리는 것으로, 회개(죄를 인정)와 믿음(예수를 의지)으로 구성된다. 죄를 회개하고 예수님을 믿는 마음을 가지는 단계다. ④신앙(Faith)은 예수 그리스도를 구주로 받아들이는 믿음으로 죄에서 돌이켜 예수 그리스도를 믿는 회개와 신앙의 단계다. ⑤칭의(Justification)는 믿음으로 의롭다고 인정받아 죄의 형벌에서 벗어나, 죄 사함을 받고 의롭다 함을 받는 선언의 단계다. ⑥양자(Adoption)는 하나님의 자녀가 되는 영광스러운 신분적 변화의 단계다. ⑦성화(Sanctification)는 성령의 도우심으로 점차 거룩해져 가는 삶의 과정이다. ⑧견인(Perseverance)은 성도가 끝까지 믿음을 지키도록 하나님이 붙들어 주셔서 믿음을 지키는 성도의 견인이다. ⑨영화(Glorification)는 부활하여 완전한 구원의 완성을 이루는 영광스러운 상태에 이르는 최종 단계다.

  특징은 믿음으로 과거의 모든 죄의 대가로부터 구원받으며, 현재 죄의 권세로부터 해방되어 살아가며, 그리스도의 재림으로 죄의 존재 자체로부터 완전한 구원을 받게 된다. 시간적 선후관계가 아닌, 구원의 논리적 흐름을 설명한다. 시작부터 끝까지 모든 과정이 하나님의 은혜로 이루어진다. 특히 장로교와 개혁주의에서 중요하게 다루는 개념이다. 이러한 단계들을 통해 성도는 구원의 확실성과 그 과정에서 받는 다양한 축복을 이해하게 된다.

그리스도인이란 무엇인가?

그리스도인(Christian)은 'Christ'(그리스도)와 'ian'(사람, 접미사)이 합성된 단어다. 예수 그리스도를 메시아(救援者)로 믿고 그의 가르침을 따르는 사람을 말한다. 즉 기독교인을 뜻하는 단어다. '그리스도인'이라는 단어는 신약성경에 세 번 나온다(행11:26, 26:28, 벧전4:16). 예수 그리스도를 따르는 자들은 안디옥에서 처음으로 그리스도인이라고 불렸다. "만나매 안디옥에 데리고 와서 둘이 교회에 일 년간 모여 있어 큰 무리를 가르쳤고 제자들이 안디옥에서 비로소 '그리스도인'이라 일컬음을 받게 되었더라"(행11:26). 그 이유는 그들의 말, 행동, 활동이 예수 그리스도를 닮았기 때문이다. '그리스도인'의 문자적인 뜻은 '그리스도의 파에 속하는' 또는 '그리스도의 추종자'이다.

시간이 지나면서 '그리스도인'이라는 말은 본래의 의미를 많이 상실했다. 예수 그리스도를 진실로 따르는 것과 관계없이 종교적이거나 높은 도덕적 가치를 가진 사람을 지칭한다. 예수 그리스도를 믿거나 신뢰하지 않는 사람들이 그저 교회를 다니거나 '기독교' 국가에 산다는 이유만으로 스스로 그리스도인이라고 여기기도 한다. 그러나 교회를 다닌다는 것, 경제적으로 어려운 사람들을 도와주는 것, 또는 착한 사람이 되는 것이 그리스도인으로 만들어주지는 않는다. 교회의 일원이 되고 예배에 정기적으로 참석하며 교회 일에 헌신한다고 해서 그리스도인이 되는 것도 아니다.

성경은 우리의 선행으로 인해 하나님께 받아들여지는 것이 아니라고 한다. "우리를 구원하시되 우리가 행한 바 의로운 행위로 말미암지 아니하고 오직 그의 긍휼하심을 따라 중생의 씻음과 성령의 새롭게 하심으로 하셨나니"(딛3:5). 그러므로 그리스도인은 하나님에 의해 거듭난 자(요3:3, 벧전1:23)이며, 예수 그리스도를 믿고 신뢰하는 자이다. "너희는 그 은혜에 의하여 믿음으로 말미암아 구원을 받았으니 이것은 너희에게서 난 것이 아니요 하나님의 선물이라"(엡2:8). 즉 예수님을 믿는 자이다(요1:12). 참된 그리스도인은 하나님의 자녀이고 그분의 참된 가족의 일원이며 예수 그리스도 안에서 새 생명을 얻은 자이다.

그렇다면 그리스도인이 되려면 어떻게 해야 하나? '그리스도인'이라는 말의 의미를 신령과 진정으로 깊이 새겨야 한다. 그리스도인이라는 말은 안디옥 교회에서 처음 사용되기 시작했다(행11:26). 이 단어는 기본적으로 '작은 그리스도'를 말한다. 기독교인들은 수세기에 걸쳐 '그리스도인'이라는 용어를 채택해 스스로가 예수 그리스도를 따르는 자들이라는 정체성(Identity)을 확인하는 데에 사용했다. 그러므로 '그리스도인'은 작은 예수, 예수 그리스도를 따르는 사람이라는 자기 정체성의 고백이 필요하다.

우리는 왜 '그리스도인'이 되어야 하는가? 예수 그리스도는 "자신이 온 것은 섬김을 받으려 함이 아니라 도리어 섬기려 하고 자기 목숨을 많은 사람의 대속물로 주려 함이니라"(막10:45)라고 선포하셨다. 그러면 여기서 "왜 대속을 받아야 하는가?"라는 질문이 생긴다. '대속(代贖, ransom)'은 배상금을 치르고 사람을 되찾는 것이라는 개념으로 사용된다. 예를 들어, 누군가가 전쟁의 포로나 납치된 상황에서 그 사람의 몸값이 지불되어야만 벗어날 수 있을 때 사용하는 말이다. 예수님은 우리를 속박에서 자유롭게 하시려고 우리의 몸값을 지불하셨다. 그렇다면 무엇에 속박된 것일까? 우리의 죄와 죄로 인한 결과들, 하나님과의 영원한 분리로 인한 육체의 죽음이다.

왜 예수님은 이런 몸값을 지불해야 하셨나? 우리 모두가 죄에 빠져서(롬3:23), 하나님에게 심판을 받아 마땅하기 때문이다(롬6:23). 그러면 예수님은 어떻게 우리의 몸값을 지불하셨나? 십자가에서 우리를 대신해 죽으심으로 우리의 죗값을 지불하셨다(고전15:3, 고후5:21). 어떻게 예수님의 죽음이 우리의 모든 죄의 대가를 지불하기에 충분했나? 예수님은 사람의 형체를 지니신 하나님이셨고 우리와 같이 되시려고 이 땅에 오셨다. 그렇게 하나님은 스스로 인간인 우리와 같이 여기시고 우리의 죄를 위해 죽으실 수 있게 되셨다(요1:1, 14). 하나님으로서의 예수님의 죽음은 그 가치가 무한하며 온 세상의 죗값을 지불하기에 충분했다(요일2:2). 예수님의 죽음 후의 부활은 그분의 죽음이 완전한 희생이었고, 참으로 죄와 사망을 정복하셨다는 것을 입증했다.

어떻게 하면 그리스도인이 될 수 있을까? 하나님은 우리를 사랑하셔서 간단하게 그리스도인이 될 수 있게 하셨다. 우리는 단지 예수님을 나의 구원자로 받아들이기만 하면 된다. 예수님의 죽음이 나의 죄를 위한 완전한 희생이었음을 받아들이고(요3:16), 오직 그분만을 구원자로 의지하는 것이다(요14:6, 행4:12). 그리스도인이 된다는 것은 어떤 종교적인 의식을 치른다거나 단순히 교회에 출석하는 것, 또는 어떤 것들을 지키는 행위를 말하지 않는다. 그리스도인이 된다는 것은 예수 그리스도와 인격적인 관계를 맺는 것이다. 믿음으로 맺어진 예수 그리스도와의 인격적인 관계가 '그리스도인'이 되게 하는 것이다.

'그리스도인'이 될 준비가 되었는가? 예수 그리스도를 구원자로 받아들여 그리스도인이 될 준비가 되어 있는가? 당신은 죄를 범했고 하나님에게 심판받아 마땅하다는 것을 이해하며 믿는가? 예수님이 당신이 받아야 할 형벌의 책임을 지고 당신을 대신해 죽으신 것을 이해하며 믿는가? 예수님의 죽음이 당신의 죗값을 지불하기에 충분한 희생이었음을 이해하는가? 이 질문에 "예"라고 답한다면, 예수님을 당신의 구원자로 믿으시라. 오직 그분만을 온전히 신뢰하며 믿음으로 영접하시라. 이것이 '그리스도인'이 되는 데에 필요한 모든 것이다.

거듭남이란 무엇인가?

'거듭남'이란 기독교에서 죄와 죽음에서 벗어나 영적으로 다시 태어나는 것을 뜻한다. 신학적 용어로는 '중생重生'이라고 한다. 이 말은 '위로부터 난다'는 뜻의 신약성경을 기록한 헬라어 '아나겐나오(ἀναγεννάω)' 또는 '아노덴(ἄνωθεν)'의 의미를 번역한 것으로, 하나님으로부터 비롯된 근본적인 변화를 나타낸다. 성령을 통해 죄 사함을 받고 새로운 영적 생명을 얻는 근본적인 변화를 말한다. 거듭난 사람은 하나님과의 관계가 회복되고 새로운 피조물이 된다. "당신은 거듭나셨나요?(Are you born again?)" 이 말은 전도 현장에서 자주 사용하는 말이다.

거듭난다는 말은 구체적으로 어떤 의미일까? 이 질문에 답할 수 있는 대표적인 성경 구절은 요한복음 3장의 말씀이다. 주 예수 그리스도께서 이름난 바리새인이며 유대 민족을 다스리는 산헤드린 공회 의원인 니고데모와 말씀하셨다. "진실로 진실로 네게 이르노니 사람이 거듭나지 아니하면 하나님의 나라를 볼 수 없느니라. 니고데모가 이르되 사람이 늙으면 어떻게 날 수 있사옵나이까 두 번째 모태에 들어갔다가 날 수 있사옵나이까. 예수께서 대답하시되 진실로 진실로 네게 이르노니 사람이 물과 성령으로 나지 아니하면 하나님의 나라에 들어갈 수 없느니라. 육으로 난 것은 육이요 영으로 난 것은 영이니, 내가 네게 거듭나야 하겠다 하는 말을 놀랍게 여기지 말라"(요3:3~7).

여기서 논리적으로 "왜 사람에게 거듭남(重生)이 필요한가?"라는 물음이 있을 수 있다. 사도 바울은 에베소서 2장 1절에서 "너희의 허물과 죄로 죽었던 너희를 살리셨도다"라고 한다. 로마서에서는 이렇게 말한다. "모든 사람이 죄를 범하였으매 하나님의 영광에 이르지 못하더니"(롬 3:23). 죄인은 영적 '죽음' 상태에 있다. 또한 죄인이 그리스도를 믿는 믿음을 통해 영적 생명을 얻을 때, 성경은 그것을 새로운 탄생에 비유한다. 오직 거듭난 사람들만이 죄 사함을 받고 하나님과의 관계를 누린다.

거듭남이라는 말은 '다시 태어난다'라는 말이므로 어떤 것이 먼저 죽었었음을 전제한다. 그렇다면 무엇이 먼저 죽었었기에 다시 태어나야 한다는 말인가? 성경은 그것이 우리의 영혼이라고 말씀한다. 바울은 에베소서 2장 1절에서 우리가 죄와 허물로 죽었었는데 하나님이 우리를 그리스도 안에서 살리셨다고 한다. 즉 우리의 영혼이 죽었었는데 그 영혼이 그리스도 안에서 다시 태어났다고 하는 것이다. 그렇다면 우리의 영혼이 죽었었다는 것은 무슨 의미인가? 그것은 죄로 인하여 우리 영혼의 생명력이 사라지게 되었음을 뜻한다. 그리고 죄로 인하여 하나님과 우리의 영적 관계 또한 끊어졌음을 의미한다. 죄의 삯이 사망이라는 로마서 6장 23절의 말씀은 죄로 인하여 영혼의 죽음(spiritual death)과 육신의 죽음(physical death), 그리고 영원한 죽음(eternal death)이 초래된다는 뜻이다. 따라서 거듭난다는 것은 죄로 죽었던 우리의 영혼이 다시 살아난다는 것을 뜻한다. 즉 영적 부활(spiritual resurrection)을 의미한다.

영혼이 거듭날 때 그 영혼은 성숙한 영혼으로 거듭나는가? 아니면 영적인 어린 아기로 태어나는가? 성경의 여러 증거를 고려할 때 영혼이 거듭날 때 성숙하고 장성한 영혼으로 거듭나는 것이 아니라, 영적인 어린 아기로 태어난다. 아담이 처음 창조되었을 때 성인으로 창조된 것과 대조된다. 영적인 어린 아기로 거듭난 영혼은 영혼의 양식을 먹으면서 점점 영적으로 성숙한 자로 자라나는 과정을 거친다. 이렇게 영적으로 성숙한 단계로 자라가는 과정을 성경은 '성화'라고 부른다.

거듭남의 핵심 내용은 죄로 인해 영적으로 죽어 있던 상태에서 벗어나 예수 그리스도를 믿음으로써 하나님으로부터 새로운 영적인 생명을 얻게 되는 것을 말한다(엡2:1, 골2:13). 사람이 부모에게서 육체적으로 태어나듯, 영적으로는 성령을 통해 다시 태어나는 것이다(요3:6). '위로부터 난다'는 뜻처럼, 인간의 노력이나 행위가 아닌 성령의 역사로 말미암아 하나님으로부터 태어나는 것이다. 죄를 용서받고 하나님과 올바른 관계를 맺게 된다. 예수 그리스도의 십자가와 부활을 통해 죄를 씻음 받고 새로운 사람이 된다. 죄에 대한 인식과 삶의 중심이 자신에게서 하나님께로 바뀌는 근본적인 내면의 변화를 포함한다. 거듭남은 성령의 역사하심을 통해 이루어진다. 성령께서 죄를 사하시고 마음을 새롭게 하시며, 하나님 나라에 들어갈 수 있도록 하신다. 단순히 도덕적 수양이나 노력이 아니라, 인간의 존재 자체가 근본적으로 변화하는 것이다.

다시 말하면 우리가 구원을 받아 하나님의 자녀가 되는 것은, 믿음으로 말미암은 거듭남과 중생에 직결된 일이다. 믿음으로 중생한 하나님의 자녀는 하나님께서 적절한 시간과 공간과 여건을 허락하시면 영적 성장과 성숙의 과정을 거치게 되어 있다. 중생 이후 우리가 얼마나 성장하고 성숙하는가는 우리가 이 땅에서 누리는 풍성한 삶, 즉 영생의 질과 농도 그리고 영원한 새 하늘과 새 땅에서 누리게 될 상급과 관련되어 있다. 거듭남과 중생의 사건을 통하여 우리는 새로운 생명, 새로운 마음, 새로운 이해력, 새로운 성향, 새로운 소욕을 얻게 되고, 내주하시는 성령의 인도하심을 따라 새로운 삶을 살아가게 된다. 그러므로 거듭남과 중생은 하나님께서 죄인에게 주시는 가장 탁월한 은혜의 선물 중 하나이다.

39 성경의 대속이란 무엇인가?

구원, 대속, 구속, 속죄는 비슷한 단어다. 구분하여 이해가 필요하다. 성경에서 대속(Redemption)은 죄로 인해 죽음과 사탄의 종이 된 인류를 대신하여, 죄 없으신 예수 그리스도께서 십자가에서 죽으심으로 죄의 값을 치르고, 인류를 죄와 사망으로부터 구원하시는 것을 말한다. 이는 노예를 속량하는 몸값(贖錢)을 치르고 자유를 주는 행위이다. 예수님이 우리의 죄를 짊어지고 죽으심으로써 우리가 의롭게 되어 하나님께 나아갈 수 있게 된 근본적인 사건이다. 구속의 완성으로 죄를 씻어주고(贖罪), 대신 값을 치르며(代贖), 자유를 주어(救贖), 구원에 이르게 하는 모든 과정의 중심이다.

인간과 인간 사이에서는 대속이고, 구속은 친척 대신에 하나님께서 우리를 구원하시기 위하여 친히 '기업 무르는 자'가 되는 것이다. 대속을 이해하기 위한 전제가 있다. 첫째로, 모든 사람에게는 각각의 몫으로 주어진 기업이 있다. 둘째는 그 기업을 무를 사람(Kinsman-Redeemer)은 자격, 능력, 의사가 있어야 한다. 자격은 가장 가까운 친척, 가까운 친족이 포기할 때 자격이 있다(룻2:20). 재정적인 능력이 필요하다. 엘리멜렉의 친족은 밭은 원했으나 룻은 원하지 않았다. 기업 무를 의사(뜻)가 있어야 한다.

대속하는 경우는 4가지가 있다. 첫째, 유산으로 상속된 땅(기업)을 잃어버렸을 때 가까운 친족이 찾아주는 것이다(레25:23~25). 둘째, 상속할 자녀를 두지 못하고 죽었을 경우 친족 중 가까운 사람이 그 부인을 취하여 자녀(아들)를 낳아 대를 잇도록 하는 것이다. 형사취수兄死取嫂제도다. "형제들이 함께 사는데 그중 하나가 죽고 아들이 없거든 그 죽은 자의 아내는 나가서 타인에게 시집가지 말 것이요 그의 남편의 형제가 그에게로 들어가서 그를 맞이하여 아내로 삼아 그의 남편의 형제 된 의무를 그에게 다 행할 것이요"(신25:5).

세 번째는 생명이다. 친족 중 하나가 살해당했을 경우 그 복수를 대신해 주는 것이다. "피를 보복하는 자는 그 살인한 자를 친히 죽일 것이니 그를 만나면 죽일 것이요"(민35:19). 구약성경에는 '도피성'이 있다. "피의 보복자가 그 뒤를 따라온다 할지라도 그들은 그 살인자를 그의 손에 내어주지 말지니 이는 본래 미워함이 없이 부지중에 그 이웃을 죽였음이라. 그 살인자가 회중의 앞에 서서 재판을 받기까지나 당시 대제사장의 죽기까지 그 성읍에 거하다가 그 후에 그 살인자가 본 성읍 곧 자기가 도망하여 나온 그 성읍의 자기 집으로 돌아갈지니라"(수20:5~6). 르우벤 지파의 도피성은 베델(벤엘), 갓지파는 길르앗 라몬, 므낫세 지파는 골란, 유다 지파는 헤브론, 에브라임 지파는 세겜, 납달리 지파는 게레스였다. 대속의 네 번째는 '권리' 문제였다. 친족 중 하나가 노예가 되었을 때 그를 대신 속량해 주는 것이다. "만일 너와 함께 있는 거류민이나 동거인은 부유하게 되고 그와 함께 있는 네 형제는 가난하게 되므로 그가 너와 함께 있는 거류민이나 동거인 또는 거류민의 가족의 후손에게 팔리면, 그가 팔린 후에 그에게는 속량받을 권리가 있나니 그의 형제 중 하나가 그를 속량하거나"(레25:47~55).

구속의 예들을 보면, ①약속의 땅으로 인도하셨다. "너희를 내 백성으로 삼고 나는 너희의 하나님이 되리니 나는 애굽 사람의 무거운 짐 밑에서 너희를 빼낸 너희의 하나님 여호와인 줄 너희가 알지라. 내가 아브라함과 이삭과 야곱에게 주기로 맹세한 땅으로 너희를 인도하고 그 땅을 너희에게 주어 기업을 삼게 하리라 나는 여호와라 하셨다 하라"(출6:7~8). ②10가지 재앙과 죽음에서 보호하시고 살리셨다. "네가 이스라엘 자손의 수효를 조사할 때에 조사받은 각 사람은 그들을 계수할 때에 자기의 생명의 속전을 여호와께 드릴지니 이는 그것을 계수할 때에 그들 중에 질병이 없게 하려 함이라"(출30:12). ③노예 생활에서 구하여 내셨다. "나는 너를 애굽 땅, 종 되었던 집에서 인도하여 낸 네 하나님 여호와니라"(출20:2).

역사적인 대속의 예를 보면, ①구약의 모든 제사도 대속이다. 구약에서는 짐승 제사를 통해 죄를 대속하는 제도가 있었으며, 이는 그리스도의 완전한 대속을 예표했다. 신약에서는 예수 그리스도의 십자가 사건을 통해 모든 대속 제물의 실체가 완성되었고, 인류의 모든 죄가 단번에 해결되었다. ②이스라엘의 회복도 대속의 관점에서 보아야 한다. ③예수 그리스도의 십자가 사건은 대속, 즉 구속 사건이다. "인자의 온 것은 섬김을 받으려 함이 아니라 도리어 섬기려 하고 자기 목숨을 많은 사람의 대속물로 주려 함이니라"(막10:45). 대속물은 예수 그리스도 자신의 생명이었다. "우리가 그리스도 안에서 그의 은혜의 풍성함을 따라 그의 피로 말미암아 구속 곧 죄 사함을 받았으니”(엡1:7). ④종말(재림)도 구속(대속) 사건이다. “이런 일이 되기를 시작하거든 일어나 머리를 들라 너희 구속이 가까웠느니라 하시더라”(눅21:28, 계14:3~4).

　대속, 즉 구원은 하나님의 능력이다. 구원의 대상은 예수 그리스도의 죽으심과 하나님께서 그를 살리심을 믿는 자이다. 구원의 방법은 그 사실을 마음으로 믿고 입으로 시인하는 것이다. 구원의 목적은 믿는 자가 천국의 소망을 갖게 하여 이 세상에서 하나님이 주신 사명을 바르게 수행하기 위함이다. 구원의 범위는 “주 예수를 믿으라 그리하면 너와 네 집이 구원을 받으리라”(행16:31)고 하였다. 복음은 모든 믿는 자에게 구원을 주시는 하나님의 능력이 된다. 예수님을 주로 시인하며 또 하나님께서 그를 죽은 자 가운데서 살리신 것을 믿으면 구원, 즉 대속을 받는다. 구원은 하나님의 은혜로 주어지지만, 믿음으로 이루어진다.

40 영생이란 무엇인가?

영생永生은 '영원한 생명'을 뜻하는 한자어다. 오래 사는 장수의 개념이 아니다. 일반적으로 불로불사不老不死나 불로장생不老長生과 같은 의미로 쓰인다. 영생을 얻는 방법은 종교적 관점에 따라 다양하다. 특히 기독교에서는 예수 그리스도를 믿는 신앙을 통해 얻게 되는 현재와 미래의 영원한 생명을 의미한다. 이는 단순히 죽음 이후에 계속되는 미래적 개념을 넘어, 예수 그리스도를 통해 현재 하나님과 깊은 관계를 맺으며 시작되는 생명과도 같다. 예수 그리스도를 믿는 사람에게 주어지는 하나님의 선물이다. 기독교에서는 예수 그리스도를 믿고 그를 따르는 것이 믿음의 핵심이다. 성경에 의하면, 예수님은 영생을 얻기 위해 십계명을 지키고, 소유를 팔아 가난한 이웃을 돕는 등 이웃 사랑을 실천하며 성경 말씀에 따르라고 하신다.

성경 요한복음 3장에서는 예수님이 오신 것이 영생을 주시기 위함이라고 말한다. "하나님이 세상을 이처럼 사랑하사 독생자를 주셨으니 이는 그를 믿는 자마다 멸망하지 않고 영생을 얻게 하려 하심이라"(요 3:16). 그리고 영생은 곧 하나님과 예수 그리스도를 아는 것이라고 설명한다. "영생은 곧 유일하신 참 하나님과 그가 보내신 자 예수 그리스도를 아는 것이니이다"(요17:3). 영생은 예수 그리스도를 믿는 순간부터 시작되며, 하나님과 예수 그리스도를 인격적으로 알아가는 삶을 통해 현재 삶에서부터 영원한 생명을 누리는 것을 의미한다. 죽음 이후, 부활을 통해 최종적으로 완성되는 영원한 생명을 말한다. '영원히 죽지 않는 것'을 넘어, 하나님과의 교제를 통해 주어지는 영원한 생명에 동참하는 것을 뜻한다. 영생은 하나님과 예수 그리스도를 아는 것이며, 이를 통해 죄와 죽음의 결과에서 벗어나 하나님의 생명에 동참하게 되는 것이다. 영생은 죄로 인해 타락한 인간의 본성이 재창조되어 새로운 본성을 받아들이는 것을 의미하기도 한다. 예수 그리스도를 믿는 신앙을 통해 영생을 얻을 수 있다. 영생은 하나님과 예수 그리스도와의 깊은 교제를 통해 누릴 수 있다.

성경은 영생에 이르는 분명한 길을 제시한다. 먼저, 하나님 앞에 죄인임을 인정해야 한다. "모든 사람이 죄를 범하였으매 하나님의 영광에 이르지 못하더니"(롬3:23). 인간은 모두 하나님께서 기뻐하시지 않는 일들을 저질러 왔으며, 이에 형벌을 받아 마땅하게 되었다. 인간의 모든 죄는 궁극적으로 영원하신 하나님을 대적하는 것이기 때문에 영원한 형벌만이 합당하다. "죄의 삯은 사망이요 하나님의 은사는 그리스도 예수 우리 주 안에 있는 영생이니라"(롬6:23).

그러나 죄가 없으시며(벧전2:22) 하나님의 영원한 아들이신 예수 그리스도께서 인간이 되셔서(요1:1, 14) 우리의 형벌을 대신 치르기 위해 죽으셨다. "우리가 아직 죄인 되었을 때에 그리스도께서 우리를 위하여 죽으심으로 하나님께서 우리에 대한 자기의 사랑을 확증하셨느니라"(롬5:8).

예수 그리스도께서 십자가에서 죽으심으로(요19:31~42) 우리가 마땅히 받아야 할 형벌을 대신 받으셨다. "하나님이 죄를 알지도 못하신 이를 우리를 대신하여 죄로 삼으신 것은 우리로 하여금 그 안에서 하나님의 의가 되게 하려 하심이라"(고후5:21). 그리고 사흘 만에 죽은 자 가운데서 다시 살아나셔서(고전15:1~4), 죄와 사망으로부터 승리하셨다. "우리 주 예수 그리스도의 아버지 하나님을 찬송하리로다 그의 많으신 긍휼대로 예수 그리스도를 죽은 자 가운데서 부활하게 하심으로 말미암아 우리를 거듭나게 하사 산 소망이 있게 하시며"(벧전1:3).

기독교적 관점에서 영생은 한마디로 '예수님을 믿는 것'이다. 즉 예수 그리스도를 구주로 영접하고 믿는 것이 영생을 얻는 첫걸음이다. 그러면서 예수 그리스도의 가르침과 말씀에 순종하며 따라야 한다. 참 하나님과 그가 보내신 예수 그리스도를 아는 것이 '영생'의 참 의미다. 이에 영적 훈련도 필요하다. 영적인 훈련은 경외, 겸손, 기도, 인내 등을 통해 하나님의 지혜에 더 가까이 갈 수 있다. 영생을 얻은 사람은 이 땅의 삶에서 하나님께서 베푸신 가치를 은혜로 받아들이는 삶을 살아야 한다.

그렇기에 우리는 믿음으로 예수 그리스도에 대한 마음가짐을 변화시켜야 한다. 그가 누구이며, 우리를 구원하시려고 어떤 일을 행하셨는지, 그리고 왜 하셨는지 알아야 한다. "그러므로 너희가 회개하고 돌이켜 너희 죄 없이 함을 받으라 이같이 하면 새롭게 되는 날이 주 앞으로부터 이를 것이요"(행3:19). 우리가 그리스도를 믿고 그가 우리의 죗값을 대신 지불하기 위해 십자가에서 죽으신 것을 신뢰한다면, 우리는 죄 사함을 받고 천국에 속한 영원한 삶을 약속받게 될 것이다.

"하나님이 세상을 이처럼 사랑하사 독생자를 주셨으니 이는 그를 믿는 자마다 멸망하지 않고 영생을 얻게 하려 하심이라"(요3:16). "네가 만일 네 입으로 예수를 주로 시인하며 또 하나님께서 그를 죽은 자 가운데서 살리신 것을 네 마음에 믿으면 구원을 받으리라"(롬10:9). 십자가에서 이루신 그리스도의 완성된 사역을 믿는 것만이 영생에 이르는 유일하고 참된 길이다. "너희는 그 은혜에 의하여 믿음으로 말미암아 구원을 받았으니 이것은 너희에게서 난 것이 아니요 하나님의 선물이라 행위에서 난 것이 아니니 이는 누구든지 자랑하지 못하게 함이라"(엡2:8~9).

|제5부|

종교에 관한 질문

 종교란 무엇인가?

인간은 옛날부터 인생과 우주의 궁극적인 문제에 관한 질문과 이에 대한 해답을 찾아왔다. 또한 영원히 살고 싶은 인간의 갈망은 예나 지금이나 변함이 없다. 원시인들에게도 인생의 궁극 목적에 대한 탐구의 흔적이 나타난다. 원시인들도 그들 나름대로 인생에 대한 물음을 어떤 초월적 힘에 대한 외경畏敬에서 찾았다. 마침내는 죽어야 할 운명에 놓여 있는 인간은 그 허무함과 무상을 극복하기 위해 애써왔다. 영생 혹은 후세의 삶을 믿고 있었음이 그들의 장례 예식에서 드러나고 있다. 그들이 살았던 동굴에 묻힌 사람의 뼈가 잘 정돈되어 있는 것은, 죽은 후의 세상이 있다는 것을 믿고 죽은 이를 위해 정성 들여 장례식을 거행한 증거다. 또한 인간의 유해는 동물 시체와는 달리 정성 들여 매장했다. 죽음의 여행 길에 필요한 도구나 음식 혹은 동반자까지 함께 묻은 흔적도 그 증거다. 그리고 그들이 살고 있던 동굴과 뼈가 묻혀 있는 무덤들에서 발견되는 조각과 그 밖의 예술작품들은 모두 그들의 종교의식과 관련된 것이다.

이렇게 인간은 시초부터 종교를 가지고 살았으며 현재에도 문명인이든 미개인이든 종교를 가지고 있다. 그러면 과연 종교란 무엇인가? 종교

란 초월적 신성한 존재나 진리에 대한 믿음을 공유하는 사람들의 공동
체와 그 신앙 체계를 말한다. 종교는 인간에게 삶의 의미와 목적, 우주에
대한 궁극적인 질문에 대한 답을 제공하며, 도덕적 가르침과 의례를 통
해 사회적 유대감을 형성하기도 한다.

종교의 주요 특징은 신, 절대자, 영적인 존재 등 인간의 이해를 넘어서
는 존재를 믿는 것이다. 같은 믿음을 가진 사람들이 모여 공동체를 이루
며, '인간은 어떻게 살아야 하는가?', '선과 악은 무엇인가?'와 같은 도덕
적, 윤리적 가르침을 제공한다. 신앙을 표현하고 공동체를 결속하는 의
식(예배, 기도, 제사 등)과 상징, 문화적 관습도 포함한다. 이는 인간의
탄생, 죽음, 고통 등 삶의 근본적인 질문에 대한 답을 제시하며, 삶의 의
미를 부여한다. 종교는 사회적 네트워크를 형성하고, 공동체 의식을 강
화하며, 때로는 사회 규범의 기반이 되기도 한다.

종교가 어떻게 시작되었는지 정확하게 말할 수는 없으나 인간은 근본
적으로 종교적 존재임을 부인할 수 없다. 현재 세상에는 서로 다른 종교
들이 많이 있지만 모두 다음 두 가지 점에서 비슷한 데가 있다. 첫째로,
모든 종교는 인생과 우주의 궁극적인 질문을 해결하려 하며, 각각의 종
교가 제시하는 해답은 다를지라도 그 질문만은 같다. 즉, 인간이란 무엇
인가? 인생의 의미는 무엇인가? 인간에게는 왜 희로애락喜怒哀樂이 엇갈
려 일어나며, 그 원인은 무엇인가? 인간의 참된 행복은 무엇인가? 인간
은 왜 죽어야 하며, 죽은 후에는 어떻게 되는 것일까? 인간과 우주만물
의 근원은 무엇인가? 이 질문들을 바탕으로 신은 하나라는 유일신교를
믿는 민족과 신은 여럿이라는 다신교를 믿는 민족, 인격적인 신을 믿는
종교와 비인격적인 신을 믿는 종교, 또는 자연종교와 계시종교啓示宗敎

등 다양한 종교현상들이 나타나고 있다. 우주 안에서 인간이 차지하는 역할에 대해서도 어떤 종교는 인간의 지상적인 일에만 초점을 두고 있는 반면, 어떤 종교는 인간의 일생은 현세로만 그치는 것이 아니라 죽은 후에도 계속 생명이 이어진다고 믿기도 한다. 어쨌든 세상에는 수많은 종교가 있고, 각자 자기 종교가 옳다고 믿고 있다.

둘째로, 종교는 인생 문제를 해결하는 데 있어서 인간에게 확신을 가져다준다. 종교는 인생 문제에 과학적인 명확한 해답을 제시하지는 못하나 인간의 삶에 무한한 의미를 부여한다. 어떠한 경우든 인생의 신비에 대한 해답들은 과학적 탐구에서 나오는 것이 아니라 믿음의 행동일 뿐이다. 종교는 과학적 이해 이상의 차원이다. 과학은 우주의 물질적, 화학적, 생물학적 문제를 다룸으로써 인간의 실생활을 향상시킨다. 그러나 과학으로는 인간의 자유나 인간의 존재 이유, 생명과 죽음 자체에 대한 신비를 해결할 수는 없다. 모든 사물 존재의 신비는 믿음으로써만 해결할 수 있다. 어떤 형태로든지 인간은 초월적인 절대자와 대면하고 있음을 믿으며, 이 믿음 안에서 인생의 의미와 가치를 확신한다.

종교는 한마디로 정의할 수 없다. 굳이 말하자면 '인간과 절대자와의 관계를 말하는 것'이라고 할 수 있다. 이에 따라 종교가 되기 위해서는 세 가지 요소가 필요하다. 첫째, 종교의 대상인 절대자 곧 종교의 교의敎義이며, 둘째는, 종교 행위를 하는 인간, 따라서 인간이 지켜야 하는 종교 윤리이며, 셋째는, 절대자와의 관계를 구체화하는 종교 행위 즉 종교의식이다. 이 세 가지 중 가장 기본적인 것은 믿음의 내용인 교의이며, 여기에서 종교 윤리, 종교의식이 나온다. 각 종교는 교의에서 인생과 우주에 대한 궁극적인 질문에 나름의 해답을 주고 있다. 그러므로 하나의 종교를 제대로 공부하려면 우선 그 종교가 믿는 교리, 그 종교가 가르치고 있는 종교 윤리, 그리고 그 종교의 의식(기도와 전례) 모두를 알아야 한다. 언제부터 종교현상에 '종교'라는 단어를 쓰게 되었는지는 모르지만 그 단어의 의미를 분석해 보면 우리에게 종교가 어떤 것인가를 더 의미 있게 알려준다. '종교'는 '宗'자와 '敎'자의 합성어이다. '宗'자는 으뜸, 기둥, 근본 등의 뜻이며, '敎'자는 가르치고 배우는 교육의 의미이다. 그러므로 종교는 이 세상에서 가장 먼저 가르치고 배워야 하는 교육의 으뜸이라는 것이다.

기독교란 무엇인가?

기독교는 예수 그리스도를 하나님으로 믿는 종교다. '기독교'는 '그리스도교'를 한자식으로 음차한 말이다. 기독교인들은 예수 그리스도를 통해 하나님을 알고 섬기며, 성경을 하나님의 말씀으로 믿고 따른다. 예수 그리스도가 인류의 죄를 씻기 위해 십자가에서 죽고 부활하신 구세주임을 믿는다. 기독교의 신앙은 예수 그리스도의 인격과 가르침을 중심으로 한다. 예수님을 '그리스도', 즉 기름 부음 받은 메시아, 구원자로 믿는 것이 기독교의 핵심이다.

기독교는 성부(聖父, 하나님), 성자(聖子, 예수 그리스도), 성령으로 존재하시는 한 분 하나님, 즉 삼위일체 하나님을 믿는다. 성경을 하나님의 말씀으로 믿으며 신앙과 삶의 최종 권위로 여긴다. 예수 그리스도의 십자가 사역을 통해 죄의 문제를 해결받고 하나님과 깨어진 관계가 회복되며 구원받는다고 믿는다. 교회는 예수 그리스도를 머리로 삼는 사람들의 모임이며, 그의 뜻에 순종하고 행동하는 사람들의 공동체다. 유대교와 이슬람교에서도 예수님을 존경하지만, 기독교는 예수님을 단순히 위대한 선지자가 아닌 하나님 그 자체로 믿는다는 점에서 차이가 있다.

기독교인들은 예수 그리스도에게 사랑과 존경을 표하며 경배하는 것이 다른 종교와 구별되는 가장 큰 특징이다.

기독교 신앙의 핵심은 고린도전서 15장에 요약되어 있다. "형제들아 내가 너희에게 전한 복음을 너희에게 알게 하노니 이는 너희가 받은 것이요 또 그 가운데 선 것이라. 너희가 만일 내가 전한 그 말을 굳게 지키고 헛되이 믿지 아니하였으면 그로 말미암아 구원을 받으리라. 내가 받은 것을 먼저 너희에게 전하였노니 이는 성경대로 그리스도께서 우리 죄를 위하여 죽으시고, 장사 지낸 바 되셨다가 성경대로 사흘 만에 다시 살아나사"(고전15:1~4). 예수님께서는 우리의 죄를 위해 죽으셨고 장사되셨다가 부활하셨다. 그 후 예수님은 믿음으로 그분을 영접하는 모든 자들에게 구원을 베푸셨다. 기독교는 다른 종교와는 다르게 종교적인 활동보다는 '관계'에 관한 종교이다. 기독교인의 목표는 "해야 할 것과 하지 말아야 할 것"의 목록에 얽매이는 대신 하나님과 가까이 동행하는 삶을 사는 것이다. 이 관계는 예수 그리스도의 공로 및 성령님의 역사하심으로 인해 가능하다.

이런 신앙의 핵심 외에도 기독교는 무엇이며 기독교인들은 무엇을 믿는지를 보여주는 다른 많은 말씀이 있다. 기독교인들은 성경이 하나님의 감동, 곧 "하나님의 입김이 불어넣어진" 하나님의 말씀이며, 그 가르침은 신앙과 실천에 관한 모든 문제에 대해 최종 권위를 가진다고 믿는다. "모든 성경은 하나님의 감동으로 된 것으로 교훈과 책망과 바르게 함과 의로 교육하기에 유익하니"(딤후3:16). "먼저 알 것은 성경의 모든 예언은 사사로이 풀 것이 아니니, 예언은 언제든지 사람의 뜻으로 낸 것이 아니요 오직 성령의 감동하심을 받은 사람들이 하나님께 받아 말한 것임이라"(벧후1:20~21). 기독교인은 세 위격, 즉 성부와 성자(예수 그리스도)와 성령으로 존재하시는 하나님 한 분을 믿는다.

기독교인은 인간이 하나님과의 관계를 누리도록 특별하게 창조되었지만, 죄로 인해 모든 사람이 하나님에게서 분리되었음을 믿는다(롬3:23, 5:2). 또한 예수 그리스도께서 온전한 하나님이시자 온전한 인간으로서 이 땅에 사셨고(빌2:6~11), 십자가에서 죽으셨다고 가르친다. 기독교인은 예수님께서 죽은 뒤에 장사되셨고 다시 살아났으며 지금은 하나님 아버지의 우편에 앉아 계시고 믿는 자들을 위해 영원히 중보기도를 하신다고 믿는다(히7:25). 그리고 예수님의 십자가에서의 죽음이 모든 인간에 의해 저질러진 죄의 값을 완전히 치르기에 충분했으며, 그분의 십자가 사역이 하나님과 인간 사이의 깨진 관계를 회복시킨다고 공표한다(히9:11~14, 10:10, 롬5:8, 6:23).

기독교는 사람이 구원받고 죽은 뒤 천국으로 가기 위해서는 예수님이 십자가에서 이루신 완전한 업적을 전적으로 믿어야 한다고 가르친다. 만일 우리가 예수님이 우리를 대신해 죽으셨고 우리의 죗값을 치르셨으며 다시 사셨다는 것을 믿는다면 구원받는다. 그 누구도 구원을 이루기 위해 할 수 있는 건 아무것도 없다. 우리 스스로가 하나님을 기쁘시게 할만한 '선한 존재'가 아니다. 우리는 모두 죄인이기 때문이다(사53:6, 64:6~7). 그리스도께서 모든 일을 다 행하셨기 때문에 우리가 더 해야 할 일은 아무것도 없다. 예수님이 십자가에서 "다 이루었다"(요19:30)라고 말씀하셨는데 이는 그분의 구속 사역이 완성되었다는 뜻이다.

기독교의 구원은 오랜 죄성에서의 자유이자 하나님과 올바른 관계를 추구하는 자유이다. 우리가 한때 죄의 종이었다면 지금 우리는 그리스도의 종이다(롬6:15~22). 기독교인은 죄의 종 된 몸을 가지고 이 땅에 사는 한 계속해서 죄와 싸울 것이다. 그러나 기독교인은 하나님의 말씀을 공부하고 자신의 삶에 말씀을 적용함으로써, 성령님에 의해 다스림 받음으로써 죄와의 싸움에서 승리할 수 있다. 많은 종교는 우리에게 어떤 것들을 하라, 또는 하지 말라고 한다. 하지만 기독교는 예수 그리스도께서 우리의 죗값을 치르기 위해 십자가에서 죽으시고 부활하신 것을 믿는 종교다. 우리의 죗값은 지불되었고 우리는 하나님과 교제할 수 있게 되었다. 우리는 우리의 죄성과의 싸움에서 승리할 수 있고, 하나님과 동행하며 그분께 순종할 수 있다. 이것이 성경이 말하는 참된 기독교다.

기독교는 종교가 아니라는 말은 무슨 의미인가?

일반적으로 종교의 범주에 기독교도 포함된다. 그런데 기독교를 종교로 보지 않는 주장도 있다. 많은 사람들은 종교의 정의를 인간이 불안을 해소하고 삶의 궁극적 의미를 찾기 위해 만들어낸 초자연적 존재에 대한 믿음이라고 한다. 이런 관점에서 기독교는 인간이 만들어낸 것이 아니라 하나님이 먼저 인간에게 다가오는 사건이기 때문에 일반적인 종교와는 다르다고 본다. 기독교는 인간의 선행이나 행위, 공로를 통해 구원에 이르는 것이 아니라, 예수 그리스도의 십자가를 통한 구원만을 강조한다. 따라서 인간의 행위가 중요한 일반 종교와는 다르다고 주장하는 것이다.

기독교의 핵심은 종교적 행위가 아닌 '하나님과의 만남'에 있다고 본다. 이는 단순히 믿음의 대상을 삼는 것을 넘어선, 인격적인 관계를 강조하는 것이다. 일반 종교는 인간의 불안과 고통을 해결하고 복을 받기 위해 인간의 행위를 통해 신에게 다가가려고 노력한다. 반면 기독교는 인간이 신에게 다가가는 것이 아니라 신이 먼저 인간에게 다가와 만나는 사건이다. 일반 종교는 인간이 주체적으로 신을 만들어내고 신을 섬기는 방법을 가르친다. 하지만 기독교는 인간이 신의 부름을 받는 주체이다.

일반 종교는 행위 자체를 중요하게 여기지만, 기독교는 인간의 행위나 공로로 구원받는 것이 아님을 강조한다.

기독교가 종교가 아니라는 이유는 많다. 그중 대표적인 것은 '기독교는 다른 종교와 달리 소원 성취, 재화 획득, 목적 달성에 목표를 두지 않는다'란 점이다. 구제나 봉사가 우선순위가 아니라 오직 진리이신 예수 그리스도를 이해하고 인식하고 의존하여 그의 생명력으로 충만해지기를 소원한다.

다른 모든 종교는 인간이 만들었지만, 기독교는 신이 만들었다는 걸 알아야 한다. 인간이 신을 찾아가 복을 비는 일반 종교와 달리 기독교는 신이 인간을 찾아와 '너와 내가 결혼했음'을 알려줄 정도로 신인神人 간에 친밀감이 높다는 것도 다른 점이다. 일반 종교는 선행을 중히 여기고 그에 따라 받을 상급이 다르다고 주장하지만, 기독교는 그렇지 않다. 간혹 기독교인 안에서 긍휼, 자비, 사랑하는 마음이 나올 때도 그건 주님의 것이지 자기 것이 아니라고 고백한다. 왜냐하면, 예수님을 영접할 때 십자가에서 완전히 죽었기 때문이다. 심판의 날에 양과 염소 심판대 앞에 서 있는 기독교인에게 하나님이 "그때 물 한 잔 줘서 고맙다"라고 하실 때 "전혀 기억이 안 나는데요" 하는 건 작은 선행조차 하나님이 하셨다고 믿기 때문이다.

기독교를 종교로 보지 않는 주장은 일반적인 종교와 본질이 다르다는 관점에서다. 이 주장은 기독교가 단순히 인간의 불안을 해결하기 위해 만들어진 문화가 아니라 하나님과의 만남이라는 점을 강조하며, 종교와 관련된 인간의 행위나 공로를 부정하는 것과 관련한다. 기독교는 종교가 아닌 '복음' 혹은 '하나님과의 만남'이라고 주장하는 견해다.

'복음'은 '기쁜 소식(Good News)'이라는 뜻으로, 예수 그리스도를 통한 구원에 대한 기쁜 소식을 의미하며, 종교가 아닌 그 자체를 가리킨다. 반면 '종교'는 인간이 신에게 나아가기 위해 스스로의 노력을 통해 구원을 얻고자 하는 행위를 포함한다. 복음은 하나님이 먼저 인간에게 다가오는 '은혜'이지만, 종교는 인간 중심적인 '노력'에 가깝다고 볼 수 있다.

특별히 '복음'은 예수 그리스도를 믿음으로써 죄에서 구원받고 영원한 생명을 얻는다는 하나님의 은혜를 강조한다. 인간의 노력보다는 하나님이 먼저 인간에게 다가오시는 '은혜'에 초점을 둔다. 복음은 기독교의 핵심 사상이며, 종교적인 행위와는 구별되는 '복음' 자체로 여겨지기도 한다. 일반적으로 종교는 인간이 신에게 나아가거나, 신의 뜻을 따르기 위해 스스로의 노력으로 행하는 다양한 믿음과 행위 체계를 말한다. 즉 인간의 노력, 의식, 계율 등을 통해 구원이나 깨달음을 얻으려 한다. 그래서 스스로 신에게 나아가려는 노력이 포함된다. 이는 복음과는 다른 관점이다. 다양한 신념과 의례, 윤리적 규범을 포함한다.

복음과 종교의 주요 차이는, 복음은 기독교의 핵심 교리인 예수 그리스도의 대속적인 희생을 통한 구원이라는 기쁜 소식의 '은혜'에 기반한다. 반면 종교는 인간의 '노력'에 기반하는 도덕적 행위를 통해 구원을 가르친다. 복음은 하나님이 주도하시고, 종교는 인간이 주도하는 측면이 있다. 그래서 인간의 측면에서 종교는 자력종교自力宗教요, 복음은 타력종교他力宗教라고 하기도 한다.

이단과 사이비란 무엇인가?

사람들은 '이단異端'이라고 하면 종종 사탄 숭배, 동물 희생 제사, 또는 사악하고 괴상한 의식을 행하는 집단으로 생각한다. 그러나 실제로 이단은 그러한 것들과 거의 관련이 없다. 일반적으로 이단은 정통 교리들을 왜곡시키는 자들의 비정통적인 분파를 말한다. 기독교 맥락에서 이단의 정의는, "성경의 근본적 진리를 하나 또는 그 이상 부인하는 종교 집단"이다. 이단은 사람이 그것을 믿더라도 구원받지 못하는 교리를 가르치는 집단이다. 이단은 종교의 일부라고 주장하지만, 종교의 근본적인 진리를 부인한다.

이단의 특징은 교리를 왜곡하는 것이다. 성경 말씀을 자의적으로 해석하거나 자신들의 목적에 맞게 내용을 가감, 왜곡한다. 기독교 이단의 가장 일반적인 두 가지 특성은, ①예수님은 하나님이 아니라는 것과 ②구원은 오직 믿음만으로 얻어지는 것이 아니라는 가르침이다. 그리스도의 신성을 부인하는 것은, 우리 죄의 대가를 지불하는 데 있어서 예수님의 죽음만으로 충분하지 않다는 뜻이다. 오직 믿음만으로 구원을 받는다는 것을 부인하는 것은, 구원은 우리 자신들의 행위로 말미암아 얻을 수 있다고 가르치는 것이다. 사도들은 교회 초기에 이단들을 상대했다. 예를 들어, 요한일서 4장 1~3절에서 요한은 어떤 교훈에 대해 경건한 교훈인지 아닌지를 구분하는 기준으로 "예수 그리스도께서 육체로 오셨다"(2절)는 내용을 말씀했다. 이것은 영지주의靈知主義 이단을 대항하는 직접적인 반박이다(요이1:7). 이들은 구원이 행위나 특별한 깨달음을 통해서 얻어진다고 주장하며, 오직 믿음만으로는 구원받을 수 없다고 가르친다. 기존 교회나 가족으로부터 신자들을 분리시키고 자신들에게만 구원이 있다고 주장하며 미혹한다.

이단과 사이비似而非의 차이는 무엇인가? 이단은 뿌리는 같으나 끝이 다른 경우를 의미하며, 원래의 종교 교리에서 벗어난 분파를 말한다. '이단'이라는 단어는 '바르지 않다' '끝이 다르다' 또는 '옳지 않다'는 뜻의 한자어다. 어원인 헬라어 '헤레시스(haireis)'는 원래 '학파'나 '분파'를 의미했으나, 신약성경에서는 예수 그리스도와 사도들의 가르침에서 벗어난 잘못된 가르침을 지칭하는 용어로 사용되었다.

사이비는 '닮을 사(似), 말 이을 이(而), 아닐 비(非)'의 한자를 쓴다. '닮은 듯하지만 그렇지 아니한 것'이라는 뜻이다. "겉은 비슷하나 속은 다르다"는 의미의 한자어다. 사이비 종교는 종종 다른 종교나 기존 교회를 타락했다고 배척하는 경향을 보인다. 사이비는 '겉으로는 비슷하나 본질은 완전히 다른 가짜'라는 뜻이다. 주로 사회적으로 문제를 일으키는 '사이비 종교'를 지칭할 때 사용된다. 사이비는 겉으로는 종교의 형태를 띠지만, 비과학적이거나 반사회적인 신념을 가지고 교주를 신격화하며 신도들의 재산을 착취하는 등의 비윤리적 행위를 한다.

사이비의 특징은, 겉으로 보기에는 종교적이지만 신념 체계는 비과학적이거나 반사회적이다. 교주를 신격화하여 숭배하도록 하며, 자신들의 조직에만 구원이 있다고 주장한다. 신도들에게 금품 갈취, 성적性的 착취, 노동력 착취 등을 일삼는다. 신도들의 외부와의 접촉을 차단하고, 비판적 사고를 막기 위해 상대방의 심리나 상황을 교묘하게 조작하여 스스로를 의심하게 만든다. 판단력을 흐리게 하여 지배하는 가스라이팅이나 세뇌를 통해 통제한다. 특히 세상이 위기이며 종말이 임박했다는 과장된 종말론을 주장하며 불안감을 조성한다. 이러한 사이비 집단은 신도들을 착취하고 고립시켜, 극심한 불안감과 함께 삶을 피폐하게 만들 수 있다.

한국 사이비의 대표적인 집단은 문선명이 창시한 '세계평화통일가정연합(통일교)'이다. 이들은 문선명을 재림주로 믿는다. 교단의 사이즈가 여느 종교보다 거대해서 기업은 물론 세계일보 등 언론사도 가지고 있다. '신천지예수교 증거장막성전'은 천부교, 장막성전 등을 거친 이만희가 창시했으며 이른바 '모략전도'라는 특유의 사기 포교 기술을 가지고 있다. 신앙촌으로 유명한 '천부교'는 교주 박태선 생존 시에는 신도 수가 무려 100만 명에 육박했으나 그가 사망한 후에는 2,000여 명으로 대폭 감소했다. 1978년 정명석이 창시한 '기독교복음선교회(JMS)'는 1999년 이전엔 애천교회, 국제크리스찬연합 등의 명칭을 사용했다. 이재록의 '만민중앙교회(예수교대한연합성결회)', 조희성의 '영생교'도 알려져 있다.

오늘날 가장 잘 알려진 두 이단은 여호와의 증인과 몰몬교다. 두 집단은 스스로 기독교라고 주장하지만, 모두 예수님의 신성과 오직 믿음으로 말미암는 구원을 부인한다. 여호와의 증인과 몰몬교는 성경이 가르치는 것과 일치하거나 유사한 많은 것들을 믿는다. 하지만 그리스도의 신성을 부인하고 행위를 통한 구원을 전파한다는 사실은 그들이 이단이라는 것을 드러낸다. 이들을 비롯한 많은 이단들은 진정으로 자기들이 진리를 붙들고 있다고 믿는다. 기독교인이라면 이단에 속해 있는 많은 사람들이 거짓말을 간파하고 오직 예수 그리스도를 믿는 믿음을 통한 구원의 진리로 돌아서기를 바라며 기도해야 한다.

유대교는 기독교와 어떻게 다른가?

유대교란 단순한 종교인가? 유대인은 민족인가, 국가인가? 유대인들은 무엇을 믿는가? 유대교와 기독교는 어떤 관계인가? '유대교'를 떠올리면 참으로 질문이 많아진다. '유대인'은 '유다 지파의 일원', '이스라엘 사람', '고대 유대인의 후손이거나 개종을 통해 연결된 사람', '종교가 유대교인 사람' 등을 포함한다. 유대교에 따르면, 유대인은 어머니가 유대인이거나 유대교로 공식 개종한 사람을 말한다. 어떤 랍비(유대 종교 지도자)들은 유대인이 되는 것은 개인이 실제로 무엇을 믿는 것과는 아무런 관련이 없다고 말한다. 랍비들은 유대인으로 인정받기 위해서 유대의 율법과 관습을 따르는 사람일 필요는 없다고 말한다.

성경의 처음 다섯 권인 토라에서 창세기 14:13은 일반적으로 첫 번째 유대인으로 인정된 아브람이 '히브리인'으로 묘사되었다. '유대인'이라는 이름은 야곱의 열두 아들 중 하나이고, 이스라엘의 열두 지파 중 하나인 유다라는 이름에서 유래했다. '유대인'이라는 이름은 원래 유다 지파에 속한 사람들에게만 지칭되었지만, 솔로몬의 통치 이후 왕국이 나뉜 후(왕상 12장)에는 유다, 베냐민, 레위 지파를 포함하던 유다 왕국의 백성

모두에게 사용되었다. 오늘날 많은 사람들은 원래 열두 지파 중 유다 지파에 속하는 것과는 상관없이 아브라함, 이삭, 야곱의 생물학적 자손들을 유대인이라고 믿는다.

유대교는 유대인의 민족 종교이자 유일신 신앙으로, 아브라함, 모세와 같은 인물들을 신앙의 조상으로 삼고, 모세오경(토라)에 담긴 613가지 율법을 지키는 것을 중요시한다. 유대교는 종교이자 문화이며 삶의 방식이고, 구약성서의 하나님과 그 후손들 사이의 언약을 바탕으로 하고 있다. 유대교는 최초의 유일신교로, 단 한 분의 하나님을 믿는다. 신의 이름을 함부로 부르지 않아 '아도나이'(나의 주님)라고 부른다. 아브라함의 신앙을 계승하며, 모세가 하나님으로부터 받은 율법(토라)을 중요하게 여긴다. 613가지 율법을 지키는 것을 중요하게 생각하며, 이는 먹는 것, 제사, 절기 등에 대한 구체적인 지침을 포함한다. 유대 민족의 역사와 문화, 종교가 깊이 얽혀 있으며, 유대인이라는 민족 정체성과 밀접한 관련이 있다.

오늘날 세계에는 유대교의 다섯 가지 주요 형태 또는 종파가 있다. 그 종파들은 정통 유대교, 보수 유대교, 개혁 유대교, 재건 유대교, 인본주의 유대교이다. 각 파의 신앙과 요구 사항은 크게 다르지만, 유대교의 전통적인 신앙은 같다. 즉, 하나님은 존재하는 모든 것을 창조하신 분이라는 것이다. 그분은 무형의 존재이며, 그분만이 우주의 절대 통치자로서 숭배를 받아야 한다. 히브리어 성경의 처음 다섯 권은 하나님에 의해 모세에게 계시되었다. 그 책들은 미래에 변경되거나 추가되지 않을 것이다. 하나님은 선지자들을 통해 유대 백성들과 소통하셨다. 하나님은 인간의 활동을 지켜보신다. 그분은 각 개인의 선한 행동에 상을 베푸시고,

악에 대해 처벌하신다. 고난과 분쟁 속에서도 하나님이 약속한 메시아가 오리라는 믿음으로 기다린다.

유대교와 기독교의 가장 큰 차이는 예수님을 메시아로 인정하는가에 있다. 유대교는 예수님을 메시아로 인정하지 않고 율법을 통해 구원을 얻는다고 믿는다. 기독교는 예수님을 '하나님이 보내신 메시아'로 믿고, 그의 희생을 통해 구원을 얻는다고 믿는다. 신에 대한 관점(유대교 유일신 vs 기독교 삼위일체) 등에서 차이가 있다. 비록 기독교인들이 유대인과 같이 그들 믿음의 상당 부분을 히브리어 성경에 두고 있지만, 신앙에는 큰 차이가 있다. 유대인은 일반적으로 활동과 행동을 가장 중요하게 생각한다. 신앙은 행동에서 나온다고 믿는다. 그러나 보수적인 기독교인들은 '믿음'을 가장 중요하게 여기며, 행동은 믿음의 결과라고 믿는다. 유대교는 기독교의 원죄에 대한 개념(아담과 하와의 불순종으로 모든 사람이 그들의 죄를 물려받았다는 믿음)을 받아들이지 않는다. 유대교는 세상과 사람들이 하나님의 창조물로서 본래 선하다고 확증한다. 유대교 신자들은 하나님의 명령(미츠바)들을 성취함으로써 그들의 삶을 거룩하게 하고 하나님께 더 가까이 나아갈 수 있다. 구원자가 필요 없고 또한 중보자도 필요 없다.

유대교의 예수님에 대한 신앙은 다양하다. 어떤 이들은 예수님을 위대한 도덕 선생으로 본다. 다른 이들은 그분을 거짓 선지자 또는 그리스도교의 우상으로 본다. 유대교의 일부 종파는 우상의 이름을 말하는 것이 금지되어 있기 때문에 예수님의 이름조차 말하지 않는다. 유대인들은 종종 하나님의 택하신 백성으로 불린다. 이 말은 그들이 다른 그룹들보다 더 우월하다는 것을 의미하지 않는다. 출애굽기 19장 5절과 같은 성경 구절은 하나님이 단지 이스라엘을 택하셔서 토라를 받아 연구하게 하셨고, 하나님만을 경배하고 안식일에 쉬며 절기를 지키도록 하셨다고 말한다. 유대인들이 다른 이들보다 더 우월하도록 선택된 것은 아니다. 그들은 단지 이방인들에게 빛이 되고 모든 민족에게 복이 되도록 하기 위해 선택되었다.

유대교에서는 예수 그리스도를 평범한 유대인으로 여기며 메시아로 인정하지 않는다. 유대교는 구원도 율법 준수, 할례 등을 통해 받는다고 믿는다. 예수 그리스도를 믿고 의지함으로써 구원을 받는다고 믿는 기독교는 유대교에서 파생되었으나, 유대교가 예수님을 메시아로 인정하지 않으면서 분리되었다. 즉, 기독교는 유대교에서 시작되었으나, 예수 그리스도에 대한 관점의 차이로 인해 분리된 것이다.

46 이슬람교는 기독교와 어떻게 다른가?

이슬람은 무하마드가 7세기에 시작한 종교다. 이슬람은 이슬람교를 말하고, 무슬림이라는 말은 '알라에게 복종하는 사람' 즉 이슬람 교인을 말한다. 이슬람은 '복종'이라는 뜻으로서 '평화'를 의미하는 어근에서 파생되었다. 무슬림들은 꾸란의 가르침을 따르고 지킨다. 7세기에 무하마드는 천사 가브리엘이 그를 방문했다고 주장했다. 무하마드가 죽을 때까지 약 23년 동안 천사가 방문했는데, 이 기간에 천사가 무하마드에게 '알라'(무슬림이 사용하는 하나님을 지칭하는 아랍어)의 말씀을 계시했다고 한다. 이렇게 받아 적은 계시들이 이슬람의 신성한 책인 '꾸란'을 구성한다.

이슬람교도들은 교리를 6가지 신조信條로 요약한다. ①하나의 신神 알라를 영원한 창조자이자 주권자라고 믿는다. ②천사를 믿는다. ③선지자를 믿으며 알라의 최종 선지자인 무하마드로 끝이 난다. ④토라와 복음서 등 성경의 특정 부분을 받아들인다. 그들은 꾸란이 알라의 완벽한 말씀이며, 이전부터 존재하는 말씀이라고 믿는다. ⑤모든 사람이 부활하여 심판을 받고 낙원이나 지옥으로 가게 될 것이다. ⑥예정을 믿는다.

무슬림들은 알라가 앞으로 일어날 모든 일들을 결정했다고 믿고, '인샬라'라는 말을 자주 하는데, 이는 '알라가 뜻하신다면'이라는 의미로 알라 신의 주권을 증거한다.

이슬람의 다섯 가지 기둥은 무슬림들에게 순종의 틀을 구성한다.

①신앙 고백(샤하다): "라 일라라 일라 알라. 무하마드 라술 알라". 이 의미는, "오직 알라신 외에 다른 신이 없다. 무하마드는 알라의 선지자"이다. 샤하다는 무슬림이 알라신만을 신으로 믿고, 무하마드가 알라를 계시한다는 믿음을 보여준다. ②기도(살라트): 매일 다섯 번의 의식 기도가 수행되어야 한다. ③기부(자카트): 일 년에 한 번씩 일정 비율을 따라 기부하는 것을 말한다. ④금식(사움): 이슬람 달력의 9번째 달에 라마단 기간 동안 무슬림들이 하는 금식이다. 그들은 새벽부터 일몰까지 먹거나 마셔서는 안 된다. ⑤순례 여행(하쯔): 건강 및 재정 형편이 허락된다면, 무슬림은 적어도 일생에 한 번 사우디아라비아의 메카로 순례 여행을 해야 한다. 순례 여행은 이슬람 달력의 열두 번째 달에 행해진다. 무슬림이 낙원에 들어가려면 이 다섯 가지 기둥에 순종해야 한다. 그렇더라도, 알라는 여전히 그들을 거부할 수 있다. 무하마드조차도 알라가 그를 낙원으로 받아들일지 확신하지 못했다.

기독교와 비교했을 때 이슬람교는 일부 유사점을 가지고 있지만 심각한 차이가 있다. 기독교와 마찬가지로 이슬람교도 유일신을 믿는다. 그러나 무슬림은 삼위일체, 곧 하나님이 성부, 성자, 성령의 세 인격체이신 한 하나님으로 자신을 계시하신 사실을 거부한다. 무슬림들은 예수님이 하나님의 아들이 아니라 가장 중요한 선지자 중 한 사람이라고 주장한다. 예수님이 처녀에게서 태어나긴 하였어도, 아담처럼 피조被造되었다고 이슬람교는 주장한다. 무슬림들은 예수님이 십자가에서 죽으셨다는 것을 믿지 않는다. 알라신이 그의 선지자 이사(이슬람어로 '예수님'을 의미함)로 하여금 고통스러운 죽음을 당하게 하실 리가 없다고 믿는다. 그러나 성경은 완전하신 하나님 아들의 죽음이 신자들의 죗값을 지불하는 데 필수적이었음을 보여준다(사53:5-6, 요3:16, 14:6, 벧전2:24).

무슬림들은 5개의 기둥을 지킴으로써 낙원을 얻을 수 있다고 믿는다. 이와 대조적으로, 성경은 죄지은 인간은 결코 거룩하신 하나님의 기준에 이를 수 없다고 계시한다(롬3:23, 6:23). 죄인들은 예수님을 믿는 회개하는 믿음을 통하여, 오직 하나님의 은혜로만 구원을 받을 수 있다고 하였다(행20:21, 엡2:8~9). 이러한 근본적인 차이와 상충되는 내용들 때문에 이슬람교는 진리일 수 없다. 성경과 꾸란이 둘 다 하나님의 말씀이 될 수는 없다. 진리는 영원한 결과를 가져온다.

정리하면, 이슬람교와 기독교는 예수 그리스도에 대한 관점과 원죄 개념, 구원 방법에서 가장 큰 차이를 보인다. 기독교는 예수님을 하나님의 아들이자 신으로 믿지만, 이슬람교는 그를 예언자 중 한 명으로 간주한다. 기독교는 원죄 개념을 받아들이고 예수님의 희생을 통한 구원을 강조하지만, 이슬람교는 원죄를 인정하지 않고 각 개인이 신의 뜻에 따라 죄를 짓고 용서를 구한다. 즉 예수 그리스도를 이슬람은 무함마드 이전의 예언자 중 한 명으로 존경하지만, 기독교에서는 하나님의 아들이자 신으로 믿는다. 이슬람은 예언자들의 마지막 선지자는 무함마드라고 믿지만, 기독교는 예수 그리스도가 구세주로서 최종적인 존재라고 믿는다.

구원도 이슬람은 신(알라)의 뜻에 따르고, 꾸란에 명시된 의무를 실천하는 것을 중요하게 생각한다. 그러나 기독교는 예수 그리스도에 대한 믿음을 통해 구원받는다고 믿는다. 이슬람은 신앙의 대상으로 유일신 알라를 섬긴다. 반면 기독교는 삼위일체 하나님을 믿는다. 성부(하나님), 성자(예수), 성령(성신)이 한 분 하나님이라는 신학을 가지고 있다. 이슬람은 꾸란을 알라가 마지막으로 계시한 경전으로 여기며, 성경(구약, 신약)의 내용을 일부 포함하고 있다. 기독교는 구약과 신약을 신앙의 근거로 삼는다. 이슬람은 인간은 알라의 종이며, 인간과 신 사이에는 중재자가 없다고 한다. 기독교는 하나님을 아버지로 여기며 인격적인 관계를 맺는다고 본다. 성직자 제도도 존재한다. 이슬람은 금요일을 안식일로 지키며, 기독교는 일요일을 안식일로 지킨다.

여호와의 증인은 누구이며 그들은 무엇을 믿는가?

오늘날 여호와의 증인으로 알려진 이단은 1870년 펜실베이니아에서 찰스 러셀(Charles Taze Russell)이 인도하는 성경 공부로부터 시작되었다. 찰스 러셀은 그의 모임을 '천년기 새벽 성경 연구'라고 칭했다. 찰스 러셀은 『천년기 새벽』이라는 책을 썼고, 죽기 전까지 6권의 책을 완성하였다. 1916년에 찰스 러셀이 죽고 난 후, 그의 친구이자 후계자이며 판사였던 제이 러더퍼드(J .F. Rutherford)는 『천년기 새벽』 책자 시리즈의 7번째이자 마지막인 『완성된 비밀(The Finished Mystery)』을 1917년에 발간하였다. 워치타워 성서책자협회(The Watchtower Bible and Tract Society)는 1886년에 설립되었으며, 이를 수단으로 하여 '천년기 새벽(Millennial Dawn)' 운동이 시작되어 그들의 교리를 사람들에게 전파하였다. 이후 1931년에 조직이 분열되면서 '여호와의 증인들'이라는 이름을 갖게 되었다.

여호와의 증인은 19세기 미국에서 시작된 기독교계 신흥 종교 단체로, 삼위일체론을 부정하고 예수 그리스도를 가장 높은 피조물인 '천사장 미카엘'로 믿는 등 정통 기독교와는 다른 독자적인 교리를 가지고 있다.

또한 성경을 문자적으로 해석하며, 일부 성경 구절은 자신들의 입맛에 맞게 재해석한 '신세계역본'을 사용한다. 이들은 사탄의 세상에 속하지 않는다고 여기며, 나라에 충성하기보다 '여호와 하느님'의 왕국을 기다리는 신앙을 가지고 있다. 크리스마스, 생일 등의 기념일을 지키지 않으며, 수혈 거부와 같은 특정 종교적 신념을 따른다. 이 세상은 사탄의 세상이므로 세상 정부와 제도를 따르지 않고, 하느님의 왕국이 이 땅을 다스릴 것이라고 믿는다.

그들이 수혈을 거부하는 주된 이유는 성경에 피를 멀리하라는 명령이 있다는 종교적인 신념 때문이다. 그들은 성경 구절을 근거로 피가 생명을 상징하며, 피를 멀리하는 것이 하나님의 명령이라고 믿는다. 이에 따라 수혈은 물론, 헌혈이나 수혈을 위한 혈액 저장을 하지 않는다. 성경 여러 곳에서(창9:4, 행15:19~20) 피를 멀리하라는 명령이 나왔다고 해석한다. "육체의 생명은 피에 있음이라 내가 이 피를 너희에게 주어 제단에 뿌려 너희의 생명을 위하여 속죄하게 하였나니 생명이 피에 있으므로 피가 죄를 속하느니라. 그러므로 내가 이스라엘 자손에게 말하기를 너희 중에 아무도 피를 먹지 말며 너희 중에 거류하는 거류민이라도 피를 먹지 말라 하였나니"(레17:11~12). 피를 하느님께서 주신 생명의 상징으로 여겨 수혈을 통해 피를 받는 것은 이를 거스르는 행위라고 생각한다. 여호와의 증인은 수혈을 거부하며 수혈 없이 치료와 수술을 할 수 있는 의사를 찾는다.

여호와의 증인은 무엇을 믿는가? 예수님의 신성, 구원, 삼위일체, 성령, 구속과 같은 주제에 대한 그들의 교리적 입장은 기독교의 정통적 입장과는 다르다. 여호와의 증인은 예수님이 가장 높은 피조물인 천사장

미카엘이라고 믿는다. 이것은 예수님이 성자 하나님이시라고 분명하게 선포하는 많은 성경의 말씀과 배치된다(요1:1,14, 8:58, 10:30). 여호와의 증인은, 구원은 믿음과 선행과 순종의 조합에 의해 얻어진다고 믿는다. 이것은 믿음을 통한 은혜로 말미암아 구원을 받는다는 수많은 성경의 말씀들과 모순된다(요3:16, 엡2:8~9, 딛3:5). 여호와의 증인은 예수님은 피조물이고 성령님은 본질적으로 생명과는 무관한 '하나님의 힘(Power)'이라고 하면서 삼위일체를 부인한다. 여호와의 증인은 그리스도의 대속의 개념을 거부하고 그 대신 몸값 이론(Ransom Theory)을 고수하는데, 이는 예수님의 죽음이 아담의 죄에 대한 몸값 지불이라고 보는 것이다.

여호와의 증인은 성경과 부합되지 않는 이러한 교리들을 정당화하며 교회가 여러 세기에 걸쳐 성경을 부패시켰다고 주장한다. 그래서 그들은 성경을 재번역하여 『신세계역본(New World Translation)』이라는 성경을 만들어 냈다. '워치타워 성서책자협회'는 성경이 실제로 가르치는 교훈 위에 그들의 교리를 두는 대신, 자신들의 거짓된 교리에 성경을 맞추기 위해 성경의 본문을 바꾸었다. 여호와의 증인은 자신들의 교리들과 모순되는 성경 말씀을 계속 발견하면서, 『신세계역본』도 수많은 편집을 거치게 되었다.

'파수대(The Watchtower)'는 찰스 러셀과 후계자 요셉 프랭클린 루더포드와 계승자들이 가르쳤던 원래의 교훈과 확대된 교훈을 그들의 믿음과 교리의 바탕으로 삼는다. 워치타워 성서책자협회의 지도부는 이 이단 내에서 성경을 해석하는 권한을 지닌 유일한 부서다. 성경의 어떤 부분과 관련해서 지도부가 한 말은 최종 권위를 지니며, 다른 그 어떤 독자적인 해석도 강력하게 저지된다. 이것은 바울이, 하나님께 인정받는 일꾼이 되기 위해서는 하나님의 말씀을 공부하고 진리의 말씀을 옳게 분별하여 부끄러울 것이 없어야 한다고 디모데에게 한 권면과 상반된다. "너는 진리의 말씀을 옳게 분별하여 부끄러울 것이 없는 일꾼으로 인정된 자로 자신을 하나님 앞에 드리기를 힘쓰라"(딤후2:15). 자신들의 소식을 전파하는 데 있어서 '여호와의 증인'들보다 더 충실한 종교적 집단은 없을 것이다. 불행하게도 그들의 메시지는 왜곡과 속임과 거짓 교리로 가득 차 있다. 하나님께서 여호와 증인들의 눈을 여셔서 참된 복음의 진리와 하나님 말씀의 참된 가르침을 볼 수 있게 해 주시기를 기원한다.

48 몰몬교는 기독교의 한 종파인가?

몰몬교는 미국에만 5백만 정도의 신도가 있고, 세계적으로 천만이 넘는 신도를 자랑한다. 몰몬교는 미국적 민주주의를 표방하는 종교다. '말일성도예수그리스도교회(Latter Day Saints)'라는 공식 명칭과 같이 예수님을 그 중심으로 표방하기 때문에 많은 사람이 미혹되고 있다. 이들은 성부 하나님께도 몸이 있으며, 사람의 운명은 성부 하나님처럼 되는 것이라고 가르친다. 기독교의 삼위일체론을 받아들이지 않고, 성부, 성자, 성령을 삼신론三神論으로 이해한다.

모르몬교(Mormonism, 흔히 몰몬교라고 함)는 조셉 스미스(1805~1844)가 1830년대에 창시한 200년이 채 안 된 종교다. '몰몬경'을 핵심 경전으로 삼아 성경 외에 중요한 성서로 여기며, 기독교와는 많은 차이가 있다. 성경만이 하나님의 말씀이라는 기독교의 근본 교리를 받아들이지 않고, 창시자 조셉 스미스가 하나님께 계시로 받았다고 하는 '몰몬경'을 성경보다 더 신봉한다. 또한 하나님께서 구약의 선지자들과 신약의 사도들, 예수 그리스도를 통해서 온전한 계시를 주셨다는 것을 부인한다. 지금도 몰몬교는 하나님께 계속적인 특별계시를 받고 있다고 주장한다.

즉, 성경이나 몰몬경보다 현재 받고 있다고 주장하는 계시가 가장 높은 권위를 갖고 있다. 종말론도 기독교 교리와 다르다. 세 종류의 천국론과 무지옥설은 성경의 증거와 정면으로 배치된다. 그리고 죽은 사람의 대리적인 세례로 구원의 기회를 가지게 된다는 주장은 예수님의 교훈과 어긋나는 것이다.

또한 미국이 시온이 되며, 미 대륙이 그리스도의 재림 장소라는 주장은 성경에 근거를 둔 것이 아니라, 몰몬경과 미국적 민족주의의 발상에 근거한 것이다. 몰몬교는 자칭 예수 그리스도의 교회라고 하지만, 성경의 가르침이나 기독교의 교리와 동떨어진 주장을 한다. 기독교는 성경을 최고 권위의 근거로 삼고 있다. 반면, 몰몬교는 몰몬경을 비롯한 새로운 계시를 최고의 권위로 삼고 있다. 몰몬교는 하나님의 계시가 아직도 계속되고 있다는 것을 신조로 명시하고 있으며, 하나님으로부터 새로운 계시를 받은 사람이 스미스라고 믿는다.

주요 특징으로 ①성경, ②몰몬경, ③교리와 성약, ④값진 진주를 4대 경전으로 믿는다. 교리와 성약은 현대의 계시들을 모아놓은 책을 말한다. 값진 진주는 성경의 일부 가르침을 명확하게 하고, 창조에 대한 정보를 더해준다고 믿는다. 성부, 성자, 성신을 '신회'라 부르며, 한 분이 아닌 "한 가지 목적을 위해 단합한 별도의 세 존재"로 믿는다. 기독교의 삼위일체와는 전혀 다른 개념이다. 하나님은 여전히 인간에게 말씀하시며, 현대에도 사도와 선지자를 통해 계시가 주어진다고 믿는다. 과거에는 성경 시대와 마찬가지로 일부다처제一夫多妻制를 시행했었으나, 현재는 금지하고 있다.

몰몬교의 문제는 성경과 모순되고, 성경을 수정하고 확대시킨다는 것이다. 기독교인들이 하나님을 믿고 신뢰하는 것은 그분의 말씀을 믿는 것을 의미하며, 이는 모든 성경이 하나님의 감동으로 쓰여졌고, 하나님으로부터 기인되었음을 믿기 때문이다(딤후3:16). 몰몬교도들은 하나님이 항상 최고의 존재였던 것은 아니고, 정의로운 삶과 끈질긴 노력을 통해 지금의 지위를 얻었다고 믿는다. 그들은 성부 하나님께서 '만질 수 있는 인간의 육체처럼 살과 뼈를 지닌 몸'을 가지고 있다고 생각한다. 반면 기독교인들은 오직 유일하신 한 분의 하나님만 계시고(신6:4, 사43:10), 그분은 항상 존재하였고 항상 존재하실 것이며(신33:27, 시90:2, 딤전 1:17), 그분은 피조물이 아니라 창조주이심을 믿는다(창 1장). 기독교인들에게 하나님은 완벽하시며 그 누구도 그분과 동등하지 않다(시86:8, 사40:25). 하나님 아버지는 인간이 아니며, 그분은 영靈이시다(요4:24, 눅 24:39).

몰몬교는 예수님의 성육신은 하나님과 마리아와의 육체적 관계의 결과라고 가르친다. 그들은 예수님이 신이라고 믿지만, 사람 또한 누구든지 신이 될 수 있다고 믿는다. 구원을 믿음과 선행으로 얻을 수 있다고 가르친다. 그러나 기독교는 그 누구도 하나님의 지위를 가질 수 없고, 오직 하나님만이 거룩하다고 가르친다(삼상2:2). 예수님께서는 하나님의 유일한 독생자이시다(요3:16). 하나님은 본질적으로 한 분이시고, 예수님께서는 육체적 탄생 이전에도 존재하셨다(요1:1~8, 8:56). 예수님께서는 자신을 우리에게 희생 제물로 주셨고, 하나님께서는 죽은 자들로부터 그분을 일으키셨다. 예수님께서는 우리 자신의 행위로 말미암아 천국에 가는 것은 불가능하며, 오로지 그분을 믿는 믿음에 의해서만 가능하다고 말씀하신다(마19:26). 우리 모두는 우리의 죄로 인하여 영원한 형벌을 받아 마땅하지만, 하나님의 무한하신 사랑과 은혜는 그 형벌을 우리가 피할 수 있게 해주셨다. "죄의 삯은 사망이요 하나님의 은사는 그리스도 예수 우리 주 안에 있는 영생이니라"(롬6:23). 구원을 받는 길은 오직 하나이고, 그것은 하나님과 그분의 아들 예수님을 아는 것이다(요17:3). 구원을 받는 것은 행위로 되는 것이 아니라 믿음으로 되는 것이다(롬1:17, 3:28). 우리가 누구든 또는 무엇을 하든 간에 이 선물을 받을 수 있다(롬 3:22). "다른 이로써는 구원을 받을 수 없나니 천하 사람 중에 구원을 받을 만한 다른 이름을 우리에게 주신 일이 없음이라"(행4:12). 몰몬교도들은 일반적으로 상냥하고, 사랑이 있으며, 친절하지만, 그들은 하나님의 속성과 예수 그리스도의 인격, 구원의 수단을 왜곡하는 거짓된 종교에 속고 있다.

49 불교는 기독교와 어떻게 다른가?

불경은 기원전 486년 2월 15일에 불교의 교조인 석가모니가 열반한 후, 타계한 뒤 600년이 지나서야 문자로 기록되었다. 그 이전에는 오직 말로써, 곧 전승으로만 이어져 왔다. 예수님에 대한 기록인 신약성경이 예수님의 승천 후 30년에서 60년 사이, 즉 예수님을 만난 제자들이 당대에 기록한 것과는 큰 대조를 이룬다.

불교의 창시자 석가모니의 본명은 고타마 싯다르타(Gotama Siddharta) 다. 바로 이 싯다르타를 그가 속한 종족의 이름을 따서 부르는 호칭이 석가모니이다. 싯다르타는 사캬족이었고, 그들의 언어로 성자를 무니(muni)라 불렀다. 그래서 사캬족에서 태어난 성자란 의미로 사카무니 즉 석가모니라 불렀다. 석가모니의 호칭은 한자로 佛陀(불타), 우리말로 부처님, 산스크리트어로는 붓다이다. '붓다'란 '깨닫는다'는 동사 'bud'의 과거분사형으로 그 의미는 '깨달은 자'라는 뜻이다. 사캬족에서 태어난 고타마 싯다르타를 부처님이라 부르는 까닭은, 오랜 고행 끝에 보리수나무 아래에서 깨달음을 얻었기 때문이다.

진리를 상대적인 입장에서 깨달았던 석가모니는 진리 그 자체일 수가 없고, 또 진리보다 우월할 수도 없다. 그 자신의 말대로 그는 단지 부처, 진리를 깨달은 한 인간에 지나지 않는다. 그가 깨달았던 대로 가르쳤던 모든 것이 집대성되어 불경이 되었고, 그의 가르침을 토대로 불교란 종교가 시작되었다. 따라서 석가모니의 깨달음을 떠나서는 불교의 존재 자체가 불가능하다.

불교 사상의 첫째는 '무아사상無我思想'이다. '없을 무(無)'에 '나 아(我)', 즉 '나는 존재하지 않는다'는 사상이다. 나라는 존재는 고정불변하는 실체적 존재가 아니라, 몇 종류의 요소들이 임시로 모여서 이루어진 실체가 없는 존재, 다시 말해 무아적 존재라는 것이다. 영원이란 시간에 빗대어 볼 때 70~80년에 불과한 인생이란 그야말로 먼지보다도 더 못한, 없는 것과 같은 존재, 내가 없음으로 세상이 있을 턱이 없고, 내가 없음으로 나를 슬프게 하는 고통도 있을 수 없다. 이처럼 내가 존재하지 않는데 존재한다고 착각하는 것으로부터 인간의 모든 고통이 시작되므로 무아적 존재인 자기 자신을 바르게 이해하게 될 때 인간은 모든 고통으로부터 해방된다는 것이다. 이것을 깨닫는 것이 득도요, 이것이 불교를 가장 불교답게 하는 불교의 핵심 교리이다. 그래서 석가모니는 자신이 죽으면 자신의 시신을 화장할 것을 명령했다. '나는 없다'는 것을 화장, 즉 다비를 통해 마지막으로 강조하기 위함이었다.

불교를 지탱하는 두 번째 기둥은 '윤회사상輪廻思想'이다. 인간은 죽어 흙이 된다. 바로 그 흙 속에서 풀이 돋아난다. 그 풀을 소가 뜯어먹고, 그 소를 사람이 먹으면서 서로 생명을 지탱해 간다. 뭔가 확실히는 알 수 없지만, 생명은 수레바퀴처럼 계속 돌아가고 있다는 것이다. 만약 불교에서 윤회사상을 제거해 버린다면 불교라는 집은 그냥 무너져 버리고 만다. 불교의 모든 교리는 윤회를 인정하는 데서부터 그 존재 이유를 갖게 된다. 불교가 추구하는 궁극적인 목적이 윤회라는 고통의 바퀴에서 벗어나는 데 있기 때문이다.

불교 교리의 문제점은 핵심 교리 두 개가 양립할 수 없다는 것이다. 만약 무아사상을 100% 인정한다면, 나라는 존재가 없는데 윤회하여 계속되는 생명이 어떻게 가능하겠는가? 내가 존재하지 않는 것이 사실이라면, 윤회할 나 또한 존재치 않아야 마땅할 것이다. 반대로 윤회사상을 100% 수용한다면, 인간의 생명이 각각 다른 형태로 구체적으로 존재하고 있는데 어찌 '내가 존재하지 않는다'라고 말할 수 있겠는가? 윤회가 사실이라면 무아無我가 아닌 유아有我가 됨이 타당할 것이다. 쉽게 말해 무아사상을 인정하면 그것은 곧 윤회사상을 부정하는 것이 되고, 그렇다고 윤회사상을 수용하면 그것은 무아사상을 배척하는 결과가 된다. 석가모니는 진리를 깨달았다는 부처님이었다. 그럼에도 불구하고 그가 깨달았다는 두 사상은 이처럼 대립과 모순을 일으키고 있다. 그것은 깨달음의 주체인 석가모니 자신이 그의 깨달음인 무아사상과 윤회사상을 연결시켜 주는 고리가 되지 못했기 때문이다.

성경 속에서도 불교를 지탱하는 두 기둥과 같은 사상을 발견할 수 있다. 무아사상은 "모든 육체는 풀이요 그의 모든 아름다움은 들의 꽃과 같으니, 풀은 마르고 꽃이 시듦은 여호와의 기운이 그 위에 붊이라 이 백성은 실로 풀이로다"(사40:6-7) "내일 일을 너희가 알지 못하는도다 너희 생명이 무엇이냐 너희는 잠깐 보이다가 없어지는 안개니라"(약4:14)에 잘 나타나 있다. 아무리 아름답고 우아한 인생이라도 결코 영원할 수 없다는 것이다. 인생이란 실상이 아니라 허상이요, 실체가 아니라 그림자라는 것이다. 철저한 무아사상이라 해도 지나침이 없을 것이다. 인생이 실체가 없는 허상에 불과하다면 인생보다 더 헛된 존재가 어디에 있을까? 윤회사상은 성경에서는 별도로 전혀 다른 것을 또 우리에게 말해 주고 있다. 성경은 불교처럼 인간이 짐승으로 태어날 수 있는 윤회가 아니라 인간 그대로의 영원한 생명을 약속하고 있다. "예수께서 이르시되 나는 부활이요 생명이니 나를 믿는 자는 죽어도 살겠고, 무릇 살아서 나를 믿는 자는 영원히 죽지 아니하리니 이것을 네가 믿느냐"(요11:25~26).

우리는 상반된 두 사상 사이에서 모순을 발견할 수 있다. 만약 인생이 안개나 그림자처럼 허상이요 무상한 존재에 불과하다면, 그 무상한 존재가 결코 영원히 살 수는 없을 것이다. 반면에 인생이 영원한 생명을 누릴 수 있다면, 인생은 결코 헛것일 수도 없고 그림자일 수도 없다. 그러나 실제로 그리스도인은 서로 모순되는 것 같은 이 두 개의 사상을 아무런 갈등 없이 그대로 수용하고 있다. 이것이 어떻게 가능할 수 있을까? 우리가 믿는 예수 그리스도께서 이 양자를 연결하는 완벽한 연결고리가 되어 주셨기 때문이다. 방황하지 말고 주 예수를 믿으라!

뉴에이지 운동이란 무엇인가?

　뉴에이지(New Age)는 '새로운 시대'를 의미하며, 1970년대 서구에서 기존의 사회, 문화, 종교에 대한 환멸을 느끼며 시작된 영적이고 문화적 움직임이다. 인간의 의식 확장을 추구하며 '새로운 시대'의 가치를 모색한다. 또한 클래식과 팝을 초월한 음악 장르를 지칭하기도 하며, 주로 명상이나 스트레스 해소, 심리치료 등 정신적인 치유와 휴식을 목적으로 활용된다. 이 운동은 모든 존재가 궁극적으로 하나라는 일원론, 모든 것이 신이라는 범신론, 인간을 잠재적 신으로 보고, 의식의 변화를 통한 깨달음을 추구하는 등 동양의 신비주의와 유사한 사상을 바탕으로 한다. 다양한 사회적, 문화적, 종교적 요소를 포함하는 복합적인 현상으로, 특정 교의나 조직을 갖춘 제도적 종교와는 구별된다.

　주요 특징은 1970~1980년대에 기존 종교와 서구 합리주의에 대한 반발로 시작되었으며, 1960년대 미국의 반문화 운동과도 관련이 있다. '새로운 시대'를 의미하는 이름처럼, 기존 질서에서 벗어나 새로운 가치를 추구하는 운동이다. 비제도적 성격으로 특정 종교처럼 정해진 교리, 성직자, 가입 의무가 없다. 대신 개인의 영적 체험과 성장을 강조한다.

서양의 합리주의에 환멸을 느끼고 동양의 신비주의, 인도철학印度哲學, 신지학神智學, 심령술, 영지주의靈知主義, 생태학 등 다양한 사상을 융합한다.

　뉴에이지의 주요 사상은 첫째, 일원론이다. 일원론적 세계관은 모든 존재가 궁극적으로는 하나의 실체나 근원으로 환원될 수 있다고 보는 철학적 시각이다. 이는 세계와 자아가 분리되어 있다는 이원론과 달리 세계와 자아가 하나라는 생각에 기반하며, 이 세계관에서는 물질과 정신, 현상 세계와 이데아의 세계 등 모든 것을 하나의 근원에서 설명한다. 모든 것이 하나의 근원적인 실체(물질 또는 정신)로 이루어져 있다고 본다. 둘째, 범신론이다. 모든 것이 신으로, 즉 나무, 바위, 개, 책, 그리고 사람 등은 모두 하나의 신의 본질이다. 성경의 예수 그리스도 안에서 스스로를 나타낸 인격적인 하나님은 완전히 거부된다. 하나님은 비인격적이기 때문에 뉴에이지 옹호자는 그분을 섬길 필요가 없다.

　셋째, 의식의 변화와 확장을 강조한다. 즉, 인간 내면에 있는 우주 의식을 깨닫고 조화되어야 한다고 믿는다. 개인이 믿는 것을 통해 자신들의 현실을 창조할 수 있다고 생각한다. 또한 상대주의적 윤리관으로 절대적 선악의 기준이 없으며, 모든 것은 상대적이라고 보는 경향이 있다. 명확한 조직이나 교리를 갖춘 제도종교의 형태를 띠지 않는다. 이러한 사상은 음악, 명상, 심리치료, 자기계발 등 다양한 분야에서 나타난다. 주로 기존 종교에 실망한 사람들이 자신만의 영적 진리를 찾기 위해 뉴에이지 음악을 듣거나 이에 관련된 서적을 읽거나, 명상이나 요가를 통해 내면의 평화를 추구하고 '의식의 성장'을 경험하려 시도한다. 자신의 의지와 긍정적인 생각을 통하여 현실을 바꿀 수 있다는 믿음을 실천하려

하는 것이다. '뉴에이지'라는 이름은 클래식과 팝을 초월한 대중화된 음악 장르를 지칭하기도 하며, 명상, 요가 등 심신 수련과 관련된 분야에서도 활용된다.

뉴에이지 운동은 명상, 요가, 점성술, 기氣 수련 등 다양한 활동을 포괄하며, 특정 단체나 교리에 얽매이지 않고 개인의 영적 성장을 추구하는 것이 특징이다. 다양한 사상의 혼합으로 불교, 힌두교 등 동양 신비주의와 서양의 마술, 심령술, 현대과학, 자연숭배 등 다양한 사상이 복합적으로 융합되어 있다. 인간이 자신의 믿음을 통해 현실을 창조하고 바꿀 수 있다는 사상을 토대로 하여 명상, 점성술, 수정구슬 점, 기氣 수련, 심리치료 등 다양한 형태의 실천이 존재한다. 이와 함께 발전한 음악 장르로, '무드음악', '환경음악', '무공해음악' 등으로 불리기도 한다. 1986년 그래미상에 '뉴에이지 음악' 부문이 신설되면서 하나의 장르로 정착되었다.

뉴에이지 운동은 개인들의 감정에 호소하는 가짜 종교다. 그들은 자신이 하나님이고 그들 자신을 통해 그들의 삶을 향상시킬 수 있다고 생각하게끔 만든다. 현실은 우리가 지구라는 행성에 있을 동안 태어나고, 성장하고, 지구에서 잠시 삶을 살고, 죽는다는 것이다. 인간은 유한하다. 우리는 절대 신이 될 수 없다. 우리는 우리에게 용서와 영생을 줄 수 있는 우리보다 더 큰 누군가를 필요로 한다. 예수님은 죽음과 육신의 부활을 통해 우리가 절실하게 필요로 하는 것을, 우리를 위해 얻으셨다. 즉, 하나님으로부터의 죄의 용서, 이 삶 속에서 목적과 의미의 삶, 그리고 무덤을 넘어서는 영생이 필요하다. 예수 그리스도가 누구이신지, 그리고 우리를 위해 그분이 무엇을 하셨는지를 놓치지 말아야 한다. "하나님이 세상을 이처럼 사랑하사 독생자를 주셨으니 이는 그를 믿는 자마다 멸망하지 않고 영생을 얻게 하려 하심이라. 영생은 곧 유일하신 참 하나님과 그가 보내신 자 예수 그리스도를 아는 것이니이다"(요3:16, 17:3).